Christian Michel

Einsatz von XML in Dokumentenmanagement:

I0014000

Christian Michel

Einsatz von XML in Dokumentenmanagementsystemen

Diplom.de

Bibliografische Information der Deutschen Nationalbibliothek:

Bibliografische Information der Deutschen Nationalbibliothek: Die Deutsche Bibliothek verzeichnet diese Publikation in der Deutschen Nationalbibliografie; detaillierte bibliografische Daten sind im Internet über http://dnb.d-nb.de/ abrufbar.

Copyright © 1999 Diplomica Verlag GmbH
Druck und Bindung: Books on Demand GmbH, Norderstedt Germany
ISBN: 978-3-8386-1856-2

http://www.diplom.de/e-book/217707/einsatz-von-xml-in-dokumentenmanagement-systemen

Christian Michel

Einsatz von XML in Dokumentenmanagementsystemen

Diplomarbeit
an der Universität Hannover
Fachbereich Wirtschaftswissenschaften
Prüfer Prof. Dr. J. Schwarze
Institut für Wirtschaftsinformatik
Juli 1999 Abgabe

Diplomarbeiten Agentur
Dipl. Kfm. Dipl. Hdl. Björn Bedey
Dipl. Wi.-Ing. Martin Haschke
und Guido Meyer GbR

Hermannstal 119 k
22119 Hamburg

agentur@diplom.de
www.diplom.de

ID 1856
Michel, Christian: Einsatz von XML in Dokumentenmanagementsystemen /
Christian Michel - Hamburg: Diplomarbeiten Agentur, 1999
Zugl.: Hannover, Universität, Diplom, 1999

Dipl. Kfm. Dipl. Hdl. Björn Bedey, Dipl. Wi.-Ing. Martin Haschke & Guido Meyer GbR
Diplomarbeiten Agentur, http://www.diplom.de, Hamburg
Printed in Germany

Diplomarbeiten Agentur

Wissensquellen gewinnbringend nutzen

Qualität, Praxisrelevanz und Aktualität zeichnen unsere Studien aus. Wir bieten Ihnen im Auftrag unserer Autorinnen und Autoren Wirtschafts-studien und wissenschaftliche Abschlussarbeiten – Dissertationen, Diplomarbeiten, Magisterarbeiten, Staatsexamensarbeiten und Studien-arbeiten zum Kauf. Sie wurden an deutschen Universitäten, Fachhoch-schulen, Akademien oder vergleichbaren Institutionen der Europäischen Union geschrieben. Der Notendurchschnitt liegt bei 1,5.

Wettbewerbsvorteile verschaffen – Vergleichen Sie den Preis unserer Studien mit den Honoraren externer Berater. Um dieses Wissen selbst zusammenzutragen, müssten Sie viel Zeit und Geld aufbringen.

http://www.diplom.de bietet Ihnen unser vollständiges Lieferprogramm mit mehreren tausend Studien im Internet. Neben dem Online-Katalog und der Online-Suchmaschine für Ihre Recherche steht Ihnen auch eine Online-Bestellfunktion zur Verfügung. Inhaltliche Zusammenfassungen und Inhaltsverzeichnisse zu jeder Studie sind im Internet einsehbar.

Individueller Service – Gerne senden wir Ihnen auch unseren Papier-katalog zu. Bitte fordern Sie Ihr individuelles Exemplar bei uns an. Für Fragen, Anregungen und individuelle Anfragen stehen wir Ihnen gerne zur Verfügung. Wir freuen uns auf eine gute Zusammenarbeit

Ihr Team der *Diplomarbeiten* Agentur

Dipl. Kfm. Dipl. Hdl. Björn Bedey –
Dipl. Wi.-Ing. Martin Haschke ——
und Guido Meyer GbR ————

Hermannstal 119 k ————
22119 Hamburg ————

Fon: 040 / 655 99 20 ————
Fax: 040 / 655 99 222 ————

agentur@diplom.de ————
www.diplom.de ————

Inhaltsverzeichnis

ABBILDUNGSVERZEICHNIS

Tabellenverzeichnis

Abkürzungsverzeichnis

Abb.	Abbildung
AO	Abgabenordnung
API	Application Programming Interface
ASCII	American Standard Code for Information Interchange
BDSG	Bundesdatenschutzgesetz
BetrVG	Betriebsverfassungsgesetzt
BGB	Bürgerliches Gesetzbuch
BIK	Betriebswirtschaftliches Institut der Deutschen Kreditgenossen-
CD	Compact Disc
CDATA	Character Data
CERN	Hochenergie-Physik-Institut, Schweiz
CGI	Common Gateway Interface
CI	Coded-Informations
CORBA	Common Object Request Broker Architecture
CSS	Cascading Style Sheets
DBD	DataBase Driver
DBI	DataBase Interface
DFR	Document Filing and Retrieval
DM	Dokumentenmanagement
DMA	Document Management Alliance
DMS	Dokumentenmanagementsysteme
DOM	Document Object Model
DSSSL	Document Style Semantics and Spezification Language
DTD	Dokumententyp-Definition
DTP	Desktop Publishing
ECMAScript	European Computer Manufacturers Association Script
EDI	Electronic Data Interchange
engl.	englisch
etc.	et cetera
evtl.	eventuell
f.	folgende
ff.	fortfolgende
FTP	File Transfer Protocol
GCA	Graphics Communication Association
geb.	geboren
ggf.	gegebenenfalls
GIF	Graphics Interchange Format
GML	Generalized Markup Language
GoB	Grundsätze ordnungsgemäßer Buchführung
GoBS	Grundsätze ordnungsgemäßer Speicherbuchführung
HGB	Handelsgesetzbuch
Hrsg.	Herausgeber
HTML	Hypertext Markup Language
HTTP	Hypertext Transfer Protocol
HyTime	Hypermedia/TimeBased Structuring Language
i.S.	im Sinne
HS	Haussystem
IR	Information Retrieval
ISO	International Standards Organisation

IT	Informationstechnologie
IuKDG	Informations- und Kommunikationsdienstgesetz
JDBC	Java Database Connectivity
JPEG	Joint Photographic Experts Group
KRS	Klassisches Rundschreibensystem
LAN	Local Area Network
LDAP	Lightweight Directory Access Protocol
NCI	Non-Coded-Information
NDATA	Notational Data
NIC	Network Information Center
o.	oder
o.V.	ohne Verfasser
OCR	Optical Character Recognition
ODA	Open Document Architecture
ODBC	Open Database Connectivity
ODMA	Open Document Management API
OHB	Organisationshandbuch
OLAP	Online Analytical Processing
PC	Personalcomputer
PCDATA	Parsable Character Data
PDF	Portable Document Format
S.	Seite(n)
SA	Strukturierte Analyse
SGML	Standard Generalized Markup Language
SigG	Signaturgesetz
sog.	sogenannte(e)(er)(es)
SQL	Standard Query Language
SSL	Secure Socket Layer
Tab.	Tabelle
TCP/IP	Transmisson Control Protocol/Internet Protocol
TEI	Text Encoding Initiative
TIFF	Tagged Image File Format
u.a.	unter andere(m)(n); und andere(n)(s)
URI	Universal Resource Identifier
URL	Uniform Resource Locator
usw.	und so weiter
UTF	UCS Transformation Format
v.a.	vor allem
vgl.	vergleiche
W3C	World Wide Web Consortium
WAN	Wide Area Network
WfMC	Management Coalition
WWW	World Wide Web
XLink	XML Linking Language
XLL	Extensible Linking Language
XML	Extensible Markup Language
XPointer	XML Pointer Language
XQL	XML Query Language
XSL	Extensible Style Language
z.B.	zum Beispiel
ZPO	Zivilprozeßordnung

1 Einführung

1.1 Einordnung des Themas

„Wir ertrinken in Informationen, aber hungern nach Wissen."[1]

In Unternehmungen werden Informationen zunehmend zur wichtigsten Ressource, während andere Produktionsfaktoren schon fast in den Hintergrund gedrängt werden. Die Medien, auf denen Informationen gespeichert und übertragen werden, basieren jedoch überwiegend auf Papier. Auf Dokumenten fixiertes Mitarbeiter- bzw. Unternehmenswissen kann aber nicht i.S. einer lernenden Organisation geteilt werden, da kein zentraler Zugriff auf alle Informationsträger erfolgen kann.[2]

Man schätzt, daß 80% der Arbeitszeit in einem Bürosystem zur Informationssuche aufgebracht werden. 90% der Informationen sind in papierenen und elektronischen Dokumenten gespeichert. Nur etwa 10% sind in einer zentralen Datenbank hinterlegt. Büromitarbeiter setzen 40-60% ihrer Zeit für die Arbeit mit Dokumenten ein, was 20-25% der Arbeitskosten eines Unternehmens darstellt. Im Schnitt wird ein Dokument 19mal kopiert, wobei jede fünfte Kopie archiviert wird. Der Rest wandert in den Papierkorb.[3] Die mittlere Suchzeit nach Dokumenten beträgt zwei Minuten in der Schreibtisch-Ablage, zehn Minuten im Abteilungs-Archiv und 30 Minuten im Firmen-Archiv.[4] Daraus sind ineffiziente Arbeitsabläufe wie Doppelarbeit innerhalb von Büros ersichtlich und sind Mitverursacher für ein Ansteigen der Verwaltungskosten. Während die Arbeitsproduktivität in der Fertigung beachtlich gesteigert wurde, bleibt die Verwaltungsproduktivität dahinter zurück.[5] Jede Gruppe in einem Unternehmen muß, um effektiv zu arbeiten, mit anderen kommunizieren. Dokumente bilden das Medium hierfür.[6] Der Zugriff zu Wissen ist dabei der kritische Prozeß zur effektiven Erreichung der Unternehmensziele.[7] Die Unternehmen werden aufgrund der Wettbewerbssituation gezwungen, ihre Flexibilität, Produktivität und Kundenorientierung permanent zu verbessern und die Produkt- und Dienstleistungsentwicklungszyklen massiv zu verkürzen. Ein Lösung sind Dokumentenmanagementsysteme (DMS). Sie gewährleisten eine aufgabengerechte Erzeugung, Bereitstellung, Steuerung, Weiter-

---

[1] Naisbitt [1984, S. 41].
[2] Vgl. Morschheuser [1997, S. 1].
[3] Vgl. Schneider [1995, S. 9], Wood [1994, S. 241], Knorz [1996].
[4] Vgl. Wenzel [1996, S. 26].
[5] Vgl. Bullinger [1993, S. 12].
[6] Vgl. Ensign [1997, S. 9].

leitung und Archivierung von Dokumenten[8] im Rahmen von organisatorischen Prozessen. Elektronische DMS werden zunehmend zu einer Hauptanwendung der Informationstechnologie (IT).[9]

Positive Auswirkungen von DMS sind die Reduktion von Archivierungsvolumen
und Kosten, qualitative Verbesserung der Verteilbarkeit und Zugänglichkeit sowie
eine Verbesserung der Verwaltung über den gesamten Dokumentenlebenszyklus.[10]
Schwierigkeiten bereitet v.a. die Transformation unstrukturierter Datenbestände von
Papier in eine elektronische Form. Die Daten müssen entweder als digitalisiertes Bild
oder volltextbasiert gespeichert werden. DMS sind nicht in der Lage, die Strukturen
der Dokumente zu erkennen und diese intelligent zu katalogisieren. Suchprozesse
werden nur unpräzise unterstützt. Die unterschiedlichen Lösungsansätze der Hersteller von DMS führen zu System-Inkompatibilitäten. Die Erstellung proprietärer Programmversionen für mehrere Plattformen verteuert zudem die Systeme.[11]

Hypertext Markup Language (HTML) ist eine Auszeichnungssprache[12] und eine
Ausprägung einer Dokumententyp-Definition (DTD) der Standard Generalized Markup Language (SGML)[13]. HTML ist die Basissprache von Internet-Seiten und führte
u.a. aufgrund ihrer Einfachheit zu einer schnellen Entwicklung des Internets. Internettechnologien stellen konsistente, plattformübergreifende Lösungen für DMS in
Unternehmungen zur Verfügung.[14] HTML ist jedoch begrenzt hinsichtlich seiner
Dokumentenfähigkeit. Das World Wide Web Consortium (W3C)[15] entwickelte die
Standard Extensible Markup Language (XML) für Auszeichungssprachen. Da XML
eine offene Internet-Technologie ist, die von vielen Herstellern unterstützt wird,
bietet sich der Einsatz in DMS geradezu an.

---

[7] Vgl. Wood [1994, S. 261].
[8] Zum Begriff Dokument vergleiche Kapitel 2.1.
[9] Vgl. Bullinger [1995, S. A4f.], Kränzle [1995, S. 26f.].
[10] Vgl. Bullinger [1995, S. A4f.]. Ein vereinfachter Verlauf eines Lebenszyklus eines elektronischen Dokuments ist: 1. Erzeugen (Konvertieren, Editieren), 2. Verwaltung und Kontrolle, 3. Verteilung und Anzeige, 4. Überprüfung ggf. Löschung; vgl. Bielawski [1997, S. 44].
[11] Vgl. Simpson [1998, S. 6].
[12] Sprache wird nachfolgend im Sinne einer künstlichen Sprache verwendet. Künstliche Sprachen werden nach festen Regeln aufgebaut (Syntax, Grammatik) und ihre Wörter und Sätze besitzen eine wohldefinierte Bedeutung (Semantik). Vgl. Schwill [1993, S. 681f.].
[13] SGML ist eine Metasprache mit der die Grammatik von Sprachen, z.B. HTML, definiert werden kann.
[14] Vgl. Schätzler [1997, S. 99]
[15] Das W3C ist eine Organisation zur Entwicklung von Standards für das Internet.

1.2 Abgrenzung des Themas und Vorgehensweise

Die technischen Möglichkeiten und Grenzen des Einsatzes von XML in DMS werden in dieser Arbeit betrachtet. Ein besonderes Augenmerk wird auf die Abbildung von Funktionalitäten von DMS mittels XML gelegt.

In Kapitel zwei werden die Kernfunktionen, Elemente, das rechtliche Umfeld und Besonderheiten von DMS als Informationssssystem in einer Unternehmung dargestellt. Die Grundstruktur von XML wird in Kapitel drei geschildert. Ausgehend von der historischen Entwicklung dieser Metasprache werden neben Verarbeitungsprinzipien auch logische und physische Strukturen erläutert. Besonderer Wert wurde auf eine kurze Beschreibung der Designmöglichkeiten von XML zur Definition von Auszeichnungssprachen gelegt. Zu beachten ist, daß syntaktische Möglichkeiten ohne Relevanz für diese Arbeit nicht erläutert werden. Im Anschluß erfolgt eine Darstellung von Sprachkonventionen für Formatierungen und Verweise, die für den Einsatz von XML in DMS von Wichtigkeit sind. Standards, die Programmierschnittstellen für Dokumentenmanipulation (z.B. Document Object Model (DOM))[16] zum Ziel haben, sind sehr nahe an Programmiersprachen angelehnt und werden daher nicht dargestellt.

In Kapitel vier werden ausführlich die technologischen Anwendungsbereiche von XML in DMS dargestellt. Die Vorgehensweise lehnt sich an den Funktionen und Technologien von DMS an. Auf theoretischer Basis wird die Abbildung dieser Funktionen hinsichtlich der Einsatzmöglichkeiten von XML diskutiert. In Kapitel fünf wird die Durchführbarkeit des Einsatzes von XML in DMS unter weiter gefaßten Aspekten geprüft. Kernpunkte sind wirtschaftliche, rechtliche und sicherheitstechnische Zusammenhänge. In Kapitel sechs sind Theorie und Praxis gegenübergestellt. Anhand eines innerbetrieblichen Informationssystems in einer Bank wird konzeptionell eine Lösung auf Basis von XML, unter Betrachtung der Ist-Situation, vorgeschlagen. Konkrete Software- und Hardwareprodukte die zusätzlich erworben werden müssen, werden nicht ausgewählt und evaluiert. Den Abschluß bildet ein Fazit, welches die wichtigsten Aspekte zusammenfaßt und einen Ausblick in die Zukunft wagt.

---

[16] Vgl. Le Hors [1999].

2 Dokumentenmanagementsysteme (DMS)

2.1 Zum Begriff Dokument

Dokumente werden als Informationsobjekte bezeichnet, die durch ihre Merkmale gekennzeichnet und identifiziert sind. Solche mit gleichen Eigenschaften können in Dokumentenklassen zusammengefaßt werden. Im deutschen Sprachgebrauch wird der Begriff Dokument mit einem papiergebundenen Schriftstück von hoher inhaltlicher Qualität und rechtlicher Bedeutung assoziiert. Durch diese Betrachtungsweise denken deutsche Anwender vorwiegend an ein gescanntes Schriftgut. Dieses stellt jedoch nur ein Teilgebiet des Begriffes dar. Dokumentenmanagement- und -Archivsysteme sind in der Lage, beliebige Dokumentenobjekte zu verwalten.[17]

Dokumente sind durch verschiedene Merkmale gekennzeichnet:

- Charakter (Benutzungshäufigkeit, Rechtscharakter, Editierbarkeit u.ä.),
- Zeit (Erstellungsdatum, Verfallsdatum u.ä.),
- Erzeuger (Absender, Ersteller u.ä.),
- Nutzer (Empfänger, berechtigter Bearbeiter, Leser u.ä.),
- physische Eigenschaften (Papier, Datei u.ä.),
- formale Eigenschaften (Aufbau, Gestaltung u.ä.),
- strukturelle Ordnung (Version, Reihenfolge u.ä.),
- Inhalt.

Innerhalb von DV-Systemen können Dokumente unterschiedlichste Informationen in digitaler Form in verschiedensten Formaten und vielfacher Herkunft beinhalten. Dabei können die Dokumente aus unterschiedlichen Teilobjekten zusammengesetzt sein. Die nachfolgende Auflistung gibt einen, wenn auch unvollständigen Überblick möglicher Objekte:[18]

- Dokumente aus Anwendungsprogrammen (Textverarbeitung etc.),
- Images, z.B. gescannte Fotos und Faxe,
- Formulare, z.B. Electronic Data Interchange (EDI),

---

[17] Vgl. Kampffmeyer [1997, S. 3].
[18] Vgl. Bullinger [1998, S. 6].

- American Standard Code for Information Interchange (ASCII)-Textdokumente,
- Datensätze und Tabellen aus Datenbanken,
- Sound- und Sprach-Clips.

Dokumente werden in die logischen Ebenen Struktur, Layout und Inhalt unterschieden. Die Struktur beschreibt die logische Unterteilung eines Dokuments (z.B. Anschrift, Absender, Inhalt). Das Layout eines Dokuments stellt Inhaltsteile in unterschiedlichen Formen dar und dient der besseren Unterscheidung der logischen Elemente. Auf der logischen Ebene des Inhalts befindet sich die eigentliche Information des Dokuments.[19]

Dokumentenarten und -formen
Das elektronische Dokument besteht aus zusammengehörigen Informationen, die zu einem definierten Zeitpunkt eindeutig und authentisch sind.

Es lassen sich drei unterschiedliche Dokumentenformen unterscheiden. Elementare Dokumente bestehen nur aus einem Datentyp. Dies können Texte, Bilder oder auch Aufrufe anderer Objekte sein. Komponenten-Dokumente[20] sind zusammengesetzt aus Daten unterschiedlichen Typs. Diese Dokumente können Bilder, Grafiken, Hyperlinks[21] sowie diverse andere Datenobjekte enthalten. Zur besseren Verwaltung können Datenobjekte in Containern zusammengefaßt werden. Ein Container-Dokument führt als Methoden alle notwendigen systemtechnischen Informationen mit sich. Man unterscheidet Struktur-, Identifizierungs- und Verwaltungsinformationen. Container-Dokumente werden als selbstbeschreibend bezeichnet.[22] Dieser Zusammenhang wird in Abb. 2.1 dargestellt.

---

[19] Vgl. Bullinger [1995, S. 6], Gulbins [1999, S. 220].
[20] Engl. Compound Documents
[21] Vgl. [19, S.]
[22] Vgl. Kampffmeyer [1997, S. 3f.].

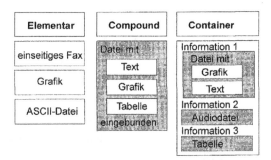

Abb. 2.1: Dokumentenformen. In Anlehnung an: Kampffmeyer [1997, S. 4].

Elektronische Dokumente bestehen aus unterschiedlichen Quellen innerhalb des DV-Systems. Diese Quellen können eine Datei, Bestandteil einer Datei oder eines Objekts sein. Weiterhin läßt sich eine Gliederung nach der Strukturiertheit eines Dokuments vornehmen. Es lassen sich drei Dokumentenarten unterscheiden:

1) Unformatiert oder sehr schwach strukturiert, z.B. E-Mails oder reine Bilder,

2) formatierte Dokumente, z.B. Wortdokumente oder Formulare,

3) strukturierte Dokumente, z.B. HTML-Dokumente.[23]

Selbstbeschreibende Dokumente bestehen aus einer Inhaltskomponente und einem Header mit beschreibenden Attributen. Die beschreibenden Daten innerhalb des Headers können folgende Informationen beinhalten: [24]

- Codes für die Selbsterklärungsfunktionalität, z.B. Anzahl und Reihenfolge der folgenden Attribute, Attributnamen, Attributformate etc.,

- eindeutige Kennung des Objekts bzw. Dokuments,

- Erfasser, Autor oder Erzeuger des Dokuments,

- Datum und Uhrzeit der Erstellung,

- zugeordnetes Archiv,

- zugehörige Dokumentenklasse,

- Indexmerkmale,

- Zugriffschutzklassen,

- Referenzinformationen, Kenntlichmachung Archivkopie,

- Prüfsummen, die die Veränderung des Dokuments sichtbar machen.

---

[23] Vgl. Leventhal [1998, 19ff.].
[24] Vgl. Kampffmeyer [1997, S. 5f.].

Die Attribute lassen sich durch den Anwender erweitern. Durch den selbstbeschreibenden Charakter lassen sich diese Dokumente auch offline nutzen und ermöglichen eine Wiederherstellung des Verwaltungssystems im Störungsfall. Es existieren unterschiedliche Standards für selbstbeschreibende Dokument-Objekte und -Architekturen. Der Begriff Dokumentarchitektur bezeichnet eine allgemeingültige, von speziellen Geräten, Editoren und Formatierern unabhängige Beschreibung des Aufbaus und der Austauschformate von Dokumenten.[25] Folgende Standards sind zu nennen:[26]

- DFR-Document Filing and Retrieval (International Standards Organisation - ISO 10166),
- SGML (ISO 8879),
- ODA-Open Document Architecture (ISO 8613),
- CORBA-Common Object Request Broker Architecture -Objektmodell,
- DMA-Document Management Alliance - Dokumentmodell.

2.2 Zum Begriff Dokumentenmanagement

„Dokumentenmanagement (DM) beschäftigt sich mit der Erstellung, Verwaltung und Speicherung von statischen Dokumenten."[27] Unter DM werden folgende Aufgaben zusammengefaßt:[28]

- Einbettung des DM in die Informationsstrategie,
- Verwaltung des Archivierungsprozesses inklusive Standortverwaltung,
- Aktenverwaltung,
- Gestaltung und Strukturierung von Dokumenten,
- Durchführung von Datenschutzmaßnahmen,
- Informationsversorgung von Vorgängen oder Arbeitsprozessen,
- Beratung hinsichtlich Dokumentenaufgaben,
- Bereitstellung der erforderlichen Infrastruktur,
- Bereitstellung von Ressourcen,
- Entsorgung von Dokumenten - Archivierung.

---

[25] Vgl. Hansen [1992, S. 899].
[26] Vgl. Kampffmeyer [1997, S. 6].
[27] Schärli [1996, S. 162].
[28] Vgl. Ghanem [1992, S. 28].

Die Technologie für DM sind DMS. Sie lassen sich je nach Unterstützungsgrad für den Anwender in DMS im weiteren und engerem Sinne gliedern. Gemeinsames Merkmal aller DMS ist, daß unterschiedliche Informationsobjekte datenbankgestützt und unabhängig von hierarchischen Dateisystemen verwaltet werden können. Durch den Einsatz von Datenbanken können große Informationsmengen verarbeitet werden, und der Zugriff auf Dokumente und Dokumentengruppen kann direkt erfolgen.[29]

DMS im weiteren Sinne umfaßt verschiedene Systeme und deren Zusammenspiel. Folgende Systeme werden dabei betrachtet:

- Dynamisches DM,
- Bürokommunikation,
- Document Imaging,
- Workflow,
- Groupware,
- Elektronische Archivierung.

DMS im engeren Sinne bezeichnet klassische oder dynamische DMS. Diese verwalten Komponenten-Dokumente und Dateien, wobei wesentliche Merkmale die Bildung von Dokumentengruppierungen (Container), Check-In und Check-Out (Schutz vor gleichzeitigem Editieren eines Dokuments durch einen Anwender), Versionsmanagement und selbstbeschreibende Dokument-Objekte sind. Sie verwalten dynamische bzw. veränderliche Informationen und decken den Lebenszyklus der Dokumente von der Erstellung bis zur Archivierung ab. Komponenten-DMS sind nützlich in informationsintensiven Branchen und in Unternehmen, in denen die Wiederverwendung von Informationen ein kritischer Faktor ist. Komponenten-DMS können gemischte Textobjekte verwalten und unterstützen die Anforderungen von verschiedenen Benutzern.[30] Abzugrenzen sind elektronische Archivsysteme, die statische, unveränderliche Dokumente verwalten.[31] In den folgenden Ausführungen werden DMS im engeren Sinne betrachtet.

---

[29] Vgl. Kampffmeyer [1997, S. 9].
[30] Vgl. Wood [1994, S. 246f.].
[31] Vgl. Kampffmeyer [1997, S. 9f.].

2.3 Technologieentwicklung und Anwendungsgebiete

Die Entwicklung der Dokumententechnologie hat sich in den letzten zehn Jahren sehr schnell entwickelt. Nachfolgend werden die wichtigsten Technologiestufen dargestellt:

- Mainframe composition, Schriftsatzcodierung,
- Desktop publishing (DTP) auf Workstations,
- Dokumentenmanagement auf Client/Server,
- DTP auf Personalcomputer (PC), Style Sheets[32] und Layoutgestaltung in Textverarbeitungsprogrammen,
- WWW, handkodierte HTML-Seiten,
- webbasiertes Dokumentenmanagement,
- Webseiten Veröffentlichung, HTML Style Sheets und Layoutkontrolle,
- Intranet Dokumenten- und Informationsmanagement.[33]

In der Vergangenheit wurden die erstellten Dokumente in hierarchisch angeordneten Dateisystemen im Format des Anwendungsprogramms gespeichert. DMS hat zunächst die Dateisysteme funktionell erweitert. Die Anwender konnten die üblicherweise in Dateien gespeicherten Dokumente charakterisieren, wobei Speicherung, Suche, Zugriff und Gebrauch sich vereinfachen ließen. Innerhalb von DMS der ersten Generation konnten Metainformationen einer Datei hinzugefügt werden; der Zugriff auf Dokumente wurde vereinfacht und deutlich schneller gewährleistet.[34] Die Metainformationen sind:

- Autor,
- Schlagwörter, externer Schlagwortvorschlag,
- Erstellungsbeginn,
- Erstellungsende,
- zugehörige Dokumente,
- assoziierte Programme zur Bearbeitung des Dokuments,
- Angaben zur Zugehörigkeit zu einem Geschäftsvorfall.

---

[32] Style Sheets sind Sprachelemente zur Definition von Formateigenschaften.
[33] Vgl. Leventhal [1998, S. 7].
[34] Vgl. Freter [1998].

Die DMS der nächsten Generation ermöglichten eine Versionsverwaltung, Dokumentteilung, elektronische Notizen zu Dokumenten, Lieferung von Dokumenten zu verschiedenen Ausgabemedien und Workflow-Integration.[35]

Die meisten DMS sind als ein Client/Server-System aufgebaut. Dabei handelt es sich fast ausschließlich um proprietäre Systeme einzelner Hersteller. Aufgrund verschiedener Standardisierungsbemühungen wird sich eine Middleware-Architektur durchsetzen. Diese enthält standardisierte Schnittstellen, die den Zugriff durch unterschiedliche Clients auf mehrere Dokumenten-Datenkataloge unterschiedlicher Hersteller zuläßt.[36]

2.4 Dokumentenbezogene Funktionen

Der Funktionsumfang eines DMS kann in dokumentenbezogene und administrative Funktionen eingeteilt werden. Die dokumentenbezogenen Funktionen beinhalten alle Möglichkeiten der Dokumentenerstellung, -bearbeitung, -ausgabe und -ablage.[37] Nachfolgend werden diese Möglichkeiten dargestellt:

Erfassen und Erkennen

Informationen müssen dem DMS zugeführt werden. Hierzu werden analoge Informationen gewandelt, Daten und Dateien importiert und Informationen bei der Erfassung vorverarbeitet. Papiergebundene Daten und Bilder werden mittels Scanner eingelesen und als elektronisches Bild zur Verfügung gestellt. Die Datenerfassung von Papier kann manuelle Eingabe, durch Scannen, eine Kamera, Video-Board oder Digitalisierer erfolgen.[38] Der in den Bildern enthaltene Text kann durch Optical Character Recognition (OCR)-Software erkannt und in Form kodierter Daten gespeichert werden. Eine perfekte und universell einsetzbare optische Zeichenerkennung ist zur Zeit nicht erreichbar.[39]

---

[35] Vgl. Freter [1998].
[36] Vgl. O.V. [1996, S. 60].
[37] Vgl. Bullinger [1996, S. 716f.].
[38] Vgl. Gulbins [1999, S. 182].
[39] Vgl. Knorz [1995]

Indizierung und Information Retrieval[40]

Dokumente werden über Attribute beschrieben und indiziert. Die Attribute werden in der Indexdatenbank abgelegt und über Konfigurationstabellen für den jeweiligen Dokumententyp spezifiziert. Die Erfassung der Attribute kann manuell oder automatisch erfolgen. Um die Konsistenz und Vollständigkeit der Dokumente zu gewährleisten, sollte dieser Vorgang protokolliert werden.[41] Die Möglichkeiten des Information Retrievals (IR) sind abhängig vom eingesetzten Client, der Datenbank und der Anwendungssoftware. Der Zugriff wird unterschieden in Suche mit einer Maske über die Feldinhalte (strukturierte Suche) sowie in einer Volltextdatenbank (unstrukturierte Suche), Zugriff über visualisierte Strukturen (Ordner, Mappen etc.) und Zugriff über Links auf verbundene Dokumente oder Dokumentengruppen.[42]

Speicherungsmanagement

Ein DMS regelt die Ablage, Archivierung und die Verwaltung der Dokumente über die verschiedenen Stufen der Speicherhierarchie. Die Mitverwaltung von Papierdokumenten ist vorteilhaft. Das gleichzeitige Management von Papier- und elektronischen Dokumenten wird als Hybridsystem bezeichnet.[43] Innerhalb dieser Arbeit findet eine ausschließliche Betrachtung elektronischer Dokumente statt. Die Verwaltung der Dokumente erfolgt durch den Aufbau einer Indexdatenbank, die Vergabe von Profilen von Dokumentenklassen und einer kontrollierten Nomenklatur. Die Funktion der Speicherung wird erfüllt durch einen Zwischenspeicher[44], einer Ablage sowie einem Archiv. Eine genauere Betrachtung der verschiedenen Speichermedien erfolgt nicht, da sie keinen Einfluß für die Einsetzbarkeit von XML haben. Die Speicherung und Verwaltung stellen eine konsistente Verfügbarkeit der Dokumente sicher.[45]

Anzeigen, Bearbeiten und Drucken

Die Anzeige von Dokumenten erfolgt innerhalb einer Arbeitsumgebung. Dieses kann ein eigener Desktop für ein DMS sein oder die Funktionalität wird in einer anderen Anwendung bereitgestellt. Die Arbeitsumgebung umfaßt Anzeigemöglichkeiten für

---

[40] Bezeichnung für das Suchen, Wiederauffinden und Zusammenstellen von Informationen mit einem Rechner und eines entsprechenden organisierten systematischen Verfahrens (vgl. Gulbins [1999, S. 647]). Ein deutsches Wort gibt diesen Zusammenhang nicht wieder. Es wurde daher ein englisches Wort gewählt.
[41] Vgl. Kampffmeyer [1997, S. 52].
[42] Vgl. Kampffmeyer [1997, S. 64f.].
[43] Vgl. Gulbins [1999, S. 121].
[44] Engl. Begriff ist Cache.

Such- und Indiziermasken, Trefferlisten, visualisierte Ordnungsmittel, Funktionen zur Dokument-Darstellung und Reproduktion, Ablage- und Archivierungsfunktionen sowie Import und Export von Dokumenten. Das DMS sollte die Anzeige von Non-Coded-Informations (NCI) wie z.B. Bilder oder Ton und Coded-Informations (CI), wie z.b. Text, ermöglichen.[46] Bei NCI-Daten handelt es sich meistens um gescannte Seiten, die nur eingeschränkt bearbeitet werden können, da es sich nicht um editierbaren Text handelt. CI-Daten werden durch eine Textverarbeitung bearbeitet. Die Reproduktion kann durch Drucken oder Faxen erfolgen.[47]

2.5 Administrative Funktionen

Administrative Funktionen sind für den geordneten und sicheren Umgang mit Dokumenten nötig.

Konfigurationssystem für Dokumententypen und Benutzergruppen

Innerhalb des Konfigurationssystems werden Dokumententypen und -klassen definiert. Die beschreibenden Indexdaten eines Dokumententyps werden festgelegt und sind damit auch Grundlage für Steuerung und Zugangskontrolle. Benutzergruppen werden im Sinne von betrieblichen Rollen im Arbeitsablauf definiert. Hieraus ergeben sich die Rechte an Dokumenten hinsichtlich Anzeige, Bearbeitung, Weiterleitung, Vervielfältigung und Löschung.

Versionskontrolle

Bei Änderung von Dokumenten innerhalb des Dokumenten-Lebenszyklus werden die geänderten Dokumente gespeichert. Der Zugriff auf ältere Versionen bleibt erhalten, um Modifikationen und Änderungen nachvollziehbar zu machen. Mittels der Versionskontrolle werden die verschiedenen Dokumentenversionen verwaltet. Gespeichert werden kann ein neues Duplikat oder nur die tatsächlich geänderten Dokumententeile.[48]

[45] Vgl. Kampffmeyer [1997, S. 61].
[46] CI sind kodierte und in der Regel maschinell einfach weiterzuverarbeitende Informationen. Die Art der Kodierung kann noch festgelegt werden (z.B. ASCII). NCI sind nichtkodierte Informationen wie Bilder oder Ton, die nicht direkt weiterverarbeitet werden können.
[47] Vgl. Kränzle [1995, S.11f.], Bullinger [1996, S. 716f.].
[48] Vgl. Wood [1994, S. 256f.].

Management von Datenbibliotheken

Das Management von Datenbibliotheken verwaltet einen Katalog von Dokumenten und Dokumentenfamilien und protokolliert alle Dokumente in einem Katalogsystem. Es archiviert die Dokumente und unterstützt Dokumentensicherheit durch eine Zugriffskontrolle.[49] In einigen DMS wird auch die Vererbung von Dokumenteneigenschaften unterstützt.

Dokumentenprofile sind Datensätze, die Informationen über das Dokument beinhalten. Diese können neben Autorenname, Titel, Erstellungsdatum oder dokumentenspezifische Codes auch Dokumentenversionsnummer und Schlagwörter sein. Die Dokumentensicherheit kann durch den Zugriff auf die Dokumente mit verschiedenen Berechtigungsstufen erfolgen. Unterschieden wird z.B. in Editierung des Dokuments, Schreiben von Kommentaren zu Dokumenten, Nur-Lesen von Dokumenten und keine Zugriffserlaubnis. Weiterhin wird Check-In/Out unterstützt.

DM und Anwendungen

Das DMS kann und soll in die bestehende Softwarelandschaft integriert werden und je nach Anforderung mit Rechnern verschiedener Größe zusammenarbeiten. Unterschieden wird hinsichtlich der Integrationsweise in DMS als „führendes" und „nachgeschaltetes" System. Ein führendes System kann im Rahmen der Vorgangssteuerung die jeweilige erforderliche Anwendungsfunktion des Informationssystems integrieren. Ein nachgeschaltetes DMS wird von anderen Anwendungsprogrammen gesteuert (z.B. Archivlösung für SAP). Je nach Bedarf wird das Anwendungsprogramm die Funktionalitäten des DMS nutzen.[50]

Schnittstellen

Ein DMS muß eine Vielzahl von dokumentenerzeugenden Programmen einbinden können. Daher sind systematische Schnittstellen zu anderen Programmen erforderlich. Die Indexdatenbank muß Kenntnis von allen Dokumentveränderungen und -erzeugungen erhalten.[51]

---

[49] Vgl. Wood [1994, S. 253f.].
[50] Vgl. Kränzle [1995, S. 10f.], Bullinger [1996, S. 717].
[51] Vgl. Kränzle [1995, S. 13].

Pflegen und Administration

Pflege umfaßt die Einrichtung und Verwaltung der Datenbank, Dokumentenklassen und Nomenklatur. Die Administration bezeichnet die Funktionen von Benutzerverwaltung, Systemadministration, Auswertung und Statistiken sowie das Operating.[52] Weitergehende Funktionalitäten sind die Fähigkeit multimediale Dokumente (Text, Grafik, Sprache etc.) zu verarbeiten und die Kompression und Dekompression von Dateien zu unterstützen.

2.6 Rechtliche Aspekte

In Deutschland existiert kein eigenes Gesetz, welches sich ausschließlich auf die Handhabung elektronischer Dokumente bezieht. Aufgrund der hohen Anzahl der zu betrachtenden Gesetze, der Komplexität und Umfang des Themas erfolgt innerhalb dieser Arbeit nur eine kurze Betrachtung.[53]

BGB

Innerhalb des Bürgerlichen Gesetzbuches (BGB) §126 Abs.1 wird eine eigenhändige Namensunterschrift oder ein notariell beglaubigtes Handzeichen verlangt, wenn in einem Gesetz die Einhaltung der Schriftform vorgeschrieben ist. Beispiele hierfür sind §410 BGB (Abtretungsurkunde), §4 Abs.1 Verbraucherkreditgesetz. Eine elektronische Unterschrift ist daher nur in den Fällen möglich, in denen keine Schriftform vorliegen muß. Aus elektronischen Archivsystemen reproduzierte Dokumente werden nicht als Beweis anerkannt.[54]

HGB und GoBS

Gemäß des Handelsgesetzbuches (HGB) ist die Archivierung von Dokumenten auf elektronische Medien zulässig. Dies ist geregelt in §257 Abs.3 HGB und §147 Abs.2 des Einführungsgesetzes zur Abgabenordnung (AO). Eine Archivierung auf elektronischen, optischen Speichern hebt jedoch nicht die Aufbewahrungspflicht in Papierform auf, wenn diese gesetzlich vorgeschrieben ist.[55]

Die Archivierung richtet sich nach den Grundsätzen ordnungsgemäßer Buchführung (GoB) bzw. Grundsätzen ordnungsgemäßer Speicherbuchführung (GoBS). Die Daten

---

[52] Vgl. Kampffmeyer [1997, S. 66ff.].
[53] Eine vertiefende Betrachtung findet sich z.B. bei Kampffmeyer [1997, S. 11ff.].
[54] Vgl. Kampffmeyer [1997, S. 11].

müssen daher vollständig, richtig und fälschungssicher gespeichert werden und innerhalb der Aufbewahrungsfrist verfügbar und in angemessener Zeit lesbar gemacht werden. Empfangene Handelsbriefe und Buchungsbelege sollen bei Reproduktion eine bildliche Übereinstimmung mit den Originalen aufweisen.[56] Je nach benutztem System lassen sich Fälle der Speicherung mit Aufbewahrung des Originals nach HGB/AO und Vernichtung des Originals unterscheiden. Diese Differenzierung ist jedoch nicht für die Aufbewahrungsfrist von Bedeutung, sondern nur für den Zeitpunkt der Wiedergabe. Aufbewahrungspflichtige Dokumente in rein elektronischer Form dürfen nicht gelöscht und verändert werden, und die Auffindung über einen eindeutigen und unveränderbaren Index muß gewährleistet sein.[57] Die GoBS finden Anwendung bei Dokumenten, die den Bestimmungen des HGB unterliegen und in elektronischen Systemen verarbeitet werden. So muß nachgewiesen werden, daß die angewendeten Verfahren ordnungsgemäß arbeiten. Als Nachweis gilt eine Verfahrensdokumentation für archivierte Daten und Indexdaten innerhalb des DMS.[58]

ZPO und BDSG

Innerhalb der Zivilprozeßordnung (ZPO) wird von einem Urkundenbegriff für schriftliche Beweismittel ausgegangen. Laut diesem Begriff handelt es sich dabei um eine Verkörperung einer Gedankenäußerung. Dokumente müssen deshalb eigenhändig unterschrieben sein. Dies ist bei reproduzierten Schriftstücken nicht der Fall, da sie bei Anzeige am Bildschirm nicht verkörpert sind. Nach §416 ZPO muß diese nicht als Urkunde anerkannt werden, und es erfolgt eine Betrachtung nach §286 ZPO, dem Objekt des Augenscheins. Der Richter bestimmt dann im Einzelfall die Beweisfähigkeit des Dokuments.[59]

Hinsichtlich Datenschutz, Datensicherheit sowie Auswertbarkeit und Löschung personenbezogener Daten finden sich Regelungen im Bundesdatenschutzgesetz (BDSG). Anforderungen an ein DMS sind die Vergabe von Zugriffsberechtigungen für Client, Server und Host-Rechner sowie eine Protokollierung von Zugriffen. Zusätzlich ist ein Sicherheitssystem erforderlich, das eine Benutzerverwaltung auf Datenbanken, Datenbankfeldern, Einzeldokumenten, Archiven und Dokumenten-

---

[55] Vgl. Berndt [1994, S. 39f.].
[56] Vgl. Leger [1997, S. 57].
[57] Vgl. Kampffmeyer [1997, S. 13].
[58] Vgl. Berndt [1994, S. 42f.].
[59] Vgl. Rüßmann [1999].

klassen unterstützt. Das DMS darf keine statistischen und anderen Auswertungen ermöglichen, die den Vorschriften des BDSG widersprechen. Personenbezogene Daten müssen auf Anforderung löschbar sein. Eine Löschung innerhalb der Indexdatenbank ist ausreichend.[60]

SigG und elektronische Urkunde

Das Signaturgesetz (SigG) ist Bestandteil des Informations- und Kommunikationsdienstegesetzes (IuKDG). Hierin finden sich Regelungen, die die Zuordnung von digitalen Bescheinigungen bzw. digitalen Signaturen zu einer natürlichen Person ermöglichen. Eine Digitale Signatur wird mit der komplexen Quersumme (Hashwert) eines Dokuments und dem privaten Schlüssel des Signierenden berechnet.[61]

Elektronische Dokumente werden in der Gesetzgebung in Dokumente mit digitaler Signatur und solche mit hoher Qualität eingeordnet. Ein Dokument mit elektronischer Signatur macht aus einem elektronischen Dokument eine elektronische Urkunde und wird als beweiskräftig anerkannt. Der Gesetzesentwurf regelt jedoch keine dynamischen Dokumente mit Links, Query-Komponenten etc. Der Einsatzbereich ist beschränkt auf den Urkundenbereich. Massendaten wie Faxe, gescannte Dokumente und andere Informationsarten sind nicht geeignet für digitale Signaturen.[62]

Betr.VG und ausländische Gesetzgebung

Hinsichtlich des Betriebsverfassungsgesetztes (Betr.VG) ist eine Mitwirkungspflicht seitens der Personalvertretung hinsichtlich Tarifverträgen, Zuordnung von Mitarbeitern zu Arbeitsplatztypen und ergonomischer Ausstattung der Arbeitsplätze zu beachten. Bei Einführung eines DV-Systems hat er ein Unterrichtsrecht. Die Regelung findet sich in §90 Abs.1 Nr.2 Betr.VG und bezieht sich auch auf DMS.[63]

Die ausländische Gesetzgebung, vor allen Dingen in Großbritannien, den USA und der Schweiz, ist der hiesigen Gesetzgebung voraus und ermöglicht eine Anerkennung digitaler Dokumente vor dem Gesetz. Gerade im Zuge der weltweiten Vernetzung und des globalen Dokumentenaustausches wird dieser Aspekt in Zukunft immer

---

[60] Vgl. Gulbins [1999, S. 342].
[61] Vgl. Gulbins [1999, S. 327].
[62] Vgl. Kampffmeyer [1997, S. 7f.].
[63] Vgl. Kampffmeyer [1997, S. 17f.].

wichtiger. Weitere branchenspezifische Vorschriften und Standards werden nicht betrachtet, da hierfür ein konkreter Anwendungsfall vorliegen sollte.

2.7 Standards für Dokumentenmanagement-Software

Für DMS gibt es verschiedene Standards, die für den Anwender Investitionssicherheit, Prüfbarkeit und Migrationssicherheit bedeuten. Der Hersteller kann durch die Einhaltung von Standards und Normen die Produktakzeptanz erhöhen und Schnittstellen zu anderen Produkten anbieten. Unterscheiden lassen sich Standards und Normen in Dateiformate, Kompressionsverfahren, Formate von Speichermedien und Standards für DM-Software.[64] Aufgrund des Umfangs dieser Thematik wird hierbei nur auf Standards für DM-Software und Dateiformate eingegangen.

Um Dokumente innerhalb der Aufbewahrungspflicht drucken, wiederfinden und anzeigen zu können, kommt es auf ein zukunftssicheres Dateiformat an. Zu unterscheiden sind die bildorientierten Formate wie Tagged Image File Format (TIFF), Graphics Interchange Format (GIF) sowie Joint Photographic Experts Group (JPEG) und die strukturorientierten Formate wie SGML und HTML. Der Wahl des richtigen Bildformats innerhalb des DMS kommt eine strategische Bedeutung zu, da nachfolgende Anwendungsgenerationen diese unterstützen müssen, um die Reproduktion der gespeicherten Dokumente zu ermöglichen. SGML beschreibt als Metasprache die Struktur von Dokumenten, während HTML ein soft- und hardwareunabhängiger Standard zur Verteilung, Organisation und Verbindung von Dokumenten im World Wide Web (WWW) ist.[65]

Es existieren eine große Anzahl von proprietären DMS. Durch die mangelnde Unterstützung von Standards und Normen durch die DMS bleiben jedoch viele Systeme an einen Hersteller gebunden, fehlen Schnittstellen zu anderen Programmen und sind die Systeme plattformabhängig. Standardisierungsgruppen für Speicherung und Information Retrieval sind Open Document Management API (ODMA), DMA und für den Bereich Workflow die Workflow Management Coalition (WfMC). Sie haben die Schaffung einer Interoperabilität der Systeme zum Ziel.[66]

---

[64] Vgl. Kampffmeyer [1997, S. 23ff.].
[65] Vgl. Wood [1994, S. 261ff.], Kampffmeyer [1997, 22ff.].
[66] Vgl. Altenhofen [1998, S. 9].

2.8 Sicherheitsaspekte

Die Sicherheit innerhalb des DMS gegen Dokumentenverlust und Dateninkonsistenzen ist zu gewährleisten. Hierzu müssen geeignete Maßnahmen getroffen und diese
in einer Verfahrensdokumentation beschrieben werden. Ein wichtiger Teil ist die
Absicherung der Prozesse innerhalb des DMS. Hierzu gehören der Transport von
Dokumenten im System, Erfassung, Einstellung von Indizes in die Datenbank, Anzeige, Reproduktion und Archivierung. Gegen unbefugte Zugriffe ist ein Zugriffschutz und eine Benutzerverwaltung vorzusehen, damit keine unautorisierte oder
mißbräuchliche Benutzung des Systems erfolgt.[67]

Um Systemausfällen vorzubeugen, ist eine Datensicherung durchzuführen, die eine
konsistente Wiederherstellung der Dokumente ermöglicht. Hierbei ist das große
Datenvolumen von DMS zu beachten, welches eine Speicherung auf geeigneten
Medien (z.B. optische Speicher, Bandlaufwerke) erfordert. Eine hardwaretechnische
Betrachtung der Speichermedien erfolgt im Rahmen dieser Diplomarbeit nicht.[68]

---

[67] Vgl. Gulbins [1999, S. 324].
[68] Eine detaillierte Auflistung findet sich bei Kampffmeyer [1997, S. 75ff.].

3 Extensible Markup Language (XML)

3.1 Historische Entwicklung

Die Entwicklung von Auszeichnungssprachen begann - verglichen mit der erst jungen Computergeschichte - sehr früh. Charles Goldfarb, Edward Mosher und Raymond Lorie entwickelten 1969 bei IBM die Generalized Markup Language (GML). Ziel war die Teilung von Dokumenten zwischen verschiedenen Mainframe-basierten Computern. GML ist eine Metasprache und ermöglicht die Entwicklung von Sprachen, die die Struktur eines Dokuments beschreiben können. Die Verarbeitung war batch-orientiert und erlaubte die Mehrfachnutzung einer Datei für unterschiedliche Ausgabemedien.[69] Eine weitere Entwicklung aus den sechziger Jahren war GenCode der Graphics Communication Association (GCA).[70]

Die vielversprechendsten Ansätze der beiden Entwicklungen wurden zu SGML vereint und als ISO-Standard (ISO 8879) 1986 normiert.[71] Die Norm sieht einen neutralen Austausch von Dokumenten zwischen proprietären Systemen und Applikationen, eine Beschreibung des Inhalts und der Struktur von Dokumenten und eine Zusammenführung verschiedener Informationsquellen zu einer einzigen vor.[72] SGML ist

- *generisch,*
  Formalsprache zur Definition einer Dokumentenstruktur,
- *formal,*
  erlaubt eine Validierung der Dokumentstruktur durch seine Definition,
- *strukturiert,*
  komplexe Dokumentenstrukturen können abgebildet werden,
- *semantisch,*
  Trennung von Inhalt, Struktur und Formatierung,
- *skalierbar,*
  Dokumente jeder Größe werden unterstützt.[73]

---

[69] Vgl. Ensign [1997, 23f.].
[70] Vgl. Rath [1999].
[71] Vgl. Behme [1998, S. 32f.], Ensign [1997, 24].
[72] Vgl. Wood [1994, S. 50f.].
[73] Vgl. Rath [1999].

1989 wurde HTML von Tim Berners-Lee am Hochenergie-Physik-Institut in der Schweiz (CERN) entwickelt. HTML ist eine DTD, die mit SGML erzeugt wurde. Ziel war die Darstellung von Texten und die Verknüpfung von Dokumenten in einem Hypertext-System. Dieser einfache und anwendungsfreundliche Standard ist eine der Basisursachen für die Popularität des Internets.

HTML wurde in der Folge durch viele Elemente erweitert, die weitere Funktionalitäten bieten. Die Menge der in der DTD definierten Elementtypen blieb jedoch immer endlich. Viele Hersteller gaben sich hiermit nicht zufrieden, und die Gefahr von proprietären Entwicklungen einzelner Hersteller wurde größer.[74] SGML ermöglicht als Metasprache die Deklaration von Elementtypen, ist jedoch ein hochkomplexes System für die Auszeichnung von Dokumenten. Es ist eher geeignet für große Organisationen, die anspruchsvolle Standards für ihre Dokumente benötigen. Die Komplexität von SGML führt zu komplexen Programmen, die einen hohen Entwicklungsaufwand haben.[75] Um die Zersplitterung des HTML-Standards zu vermeiden und die Komplexität von SGML zu reduzieren, wurde durch das W3C der neue Standard XML durch eine „Empfehlung"[76] vom 10.02.1998 veröffentlicht.

Ziel dieser Auszeichnungssprache ist die Erzeugung eigener DTD ohne den vollständigen Funktionsumfang von SGML zu besitzen. Die Entwicklung von Anwendungssoftware und von DTD sollte so vereinfacht werden. XML ist eine Untermenge von SGML und hierzu kompatibel. HTML wird in Zukunft durch eine DTD von XML beschrieben werden.[77] Der Zusammenhang wird in Abb. 3.1 dargestellt.

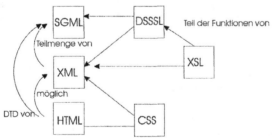

Abb. 3.1: Zusammenhang von SGML, XML, HTML, CSS und DSSSL. Quelle: Behme [1998, S. 17]

---

[74] Vgl. Behme [1998, S. 16f.].
[75] Vgl. Dünholter[1999].
[76] Das W3C darf keine Normen aussprechen, daher wird das Wort Empfehlung gewählt.
[77] Vgl. Behme [1998, S 43ff.].

XML-Dokumente stehen hinsichtlich ihrer Strukturiertheit zwischen unstrukturierten Textdaten und stark strukturierten Datenbankdaten, in denen eine Zuordnung zu festen Datenbankfeldern erfolgt. Entsprechung in XML zu Datenbankfeldern sind Auszeichnungen (engl. tags).[78]

3.2 Verarbeitungsprinzipien

Ein XML-Dokument besteht aus einer DTD (logischer Aufbau des Dokuments), der Dokumenteninstanz (eigentliche Daten) und optional aus einer Festlegung einer Formatierung durch Anweisungen der Extensible Style Language (XSL) oder Cascading Style Sheets (CSS). Ein XML-Parser liest die Dokumenteninstanz, prüft das Dokument anhand der DTD auf syntaktische Richtigkeit und gibt den dazugehörigen Ableitungsbaum der Dokumentenstruktur an die XML-Anwendung (z.B. Browser) weiter.[79] Diese ordnet dann nach Bedarf die Formatierungsanweisungen aus der im XML-Dokument angegebenen XSL- oder CSS-Datei zu und stellt das Dokument am Browser dar. Jedes XML Dokument beinhaltet ein oder mehr Elemente. Die Elemente werden durch einen Namen identifiziert und können Attributspezifikationen beinhalten.[80] Das Verarbeitungsprinzip wird durch Abb. 3.2 verdeutlicht.

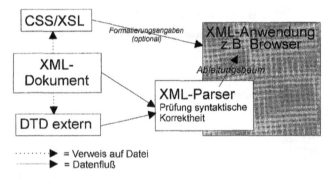

Abb. 3.2: Verarbeitungsprinzip des Parsens eines XML-Dokuments. Quelle: Eigene Darstellung.

---

[78] Vgl. Dünholter [1999].
[79] Vgl. Schwill [1993, S. 708].
[80] Vgl. Bradley [1998, S. 49f.].

3.3 Logische Struktur

Allgemein

Dokumente können Informationen in unterschiedlicher Weise enthalten. Bei Textdokumenten können einfacher Text, typografische und semantische Informationen verwandt werden. Semantik ist definiert als die Lehre von der inhaltlichen Bedeutung einer Sprache.[81] Unterschieden wird in explizite und implizite semantische Informationen. Implizite Semantik wird dem menschlichen Betrachter durch Schlüsselwörter (z.B. Überschriften) oder typografische Formatierung (z.B. Fettdruck) vermittelt. Explizite Semantik findet sich bei Auszeichnung von Texten mit einer Auszeichnungssprache.[82]

In proprietären Dateiformaten von Textverarbeitungsprogrammen werden Elemente des Dokuments mit Formatierungsanweisungen versehen und am Bildschirm dargestellt. Maschinell ist diese implizite Semantik von Elementen nur unter hohem Aufwand zu erkennen, da die Zuordnung z.B. zu Datenbankfeldern nicht erfolgt bzw. nicht erfolgen kann. Hierdurch kommt es zu einem Informationsverlust, der die Weiterverarbeitung erschwert oder sogar unmöglich macht.[83] XML dient zur Beschreibung von logischen Dokumentenstrukturen und kann Auszeichnungssprachen erzeugen, die explizite Semantiken[84] von Texten ausdrücken. Nachfolgend wird die Vorgehensweise in XML zur Erzeugung der logischen Strukturen erläutert.

DTD Struktur

Eine DTD besteht aus einer Anzahl von Deklarationen, die die Struktur des Dokuments angeben. Jede Deklaration wird durch die Schlüsselwörter:

- ELEMENT (Auszeichnungsdefinition),
- ATTLIST (Attributdefinition),
- ENTITY (Inhaltsdefinition),
- NOTATION (Datentypen-Definition)

klassifiziert. Diese Deklarationen werden in der DTD zusammengefaßt. Auf diese Weise werden die benötigten Elemente und ihr Verhältnis zueinander beschrieben

---

[81] Vgl. Schwill [1993, S. 627].
[82] Vgl. Kommers [1998, S. 77f.].
[83] Vgl. Behme [1998, S. 29ff.].
[84] "Semantik" wird nachfolgend im Sinne von "expliziter Semantik" verstanden.

und die Dokumentenhierarchie und -granularität spezifiziert. Die Granularität gibt an, wie detailliert Informationsobjekte identifiziert werden können.[85] Die DTD kann innerhalb oder außerhalb des XML-Dokuments gelegen sein. Dabei können sich auch nur Teile außerhalb befinden, da innerhalb der DTD auf Sub-DTD verwiesen werden kann. Um eine bessere Verwaltung zu ermöglichen, ist die externe, zentrale Speicherung zu empfehlen.

Zusätzlich gibt es mit XML die Möglichkeit, Dokumente ohne explizite DTD zu definieren, indem Auszeichnungen ohne Deklaration gesetzt werden, die eine saubere, nicht ineinander verschachtelte Struktur aufweisen. Sie wird als Wohlgeformtheit bezeichnet.[86] Ein Parser liest das XML-Dokument und stellt es einer Anwendung zur Verfügung. Der Leseprozeß eines Parsers ohne DTD wird als nicht-validierend, mit DTD als validierend bezeichnet.[87] Nachfolgend wird von XML-Dokumenten mit DTD ausgegangen. XML-Dokumente besitzen eine hierarchische Struktur, wie es auch in der nachfolgenden Abbildung verdeutlicht wird.

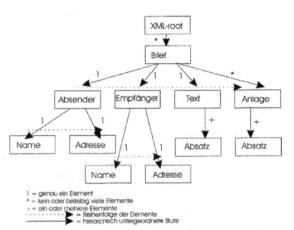

Abb. 3.3: Ableitungsbaum eines XML-Dokuments. Quelle: Eigene Darstellung.

[85] Vgl. Kuhlen [1991, S. 81]
[86] Vgl. Bradley [1998, S.53f.].
[87] Vgl. O.V. [1999j].

Elementdeklarationen

Innerhalb eines XML-Dokuments können beliebige Elementtypen vorkommen. Hierdurch ergibt sich eine große Flexibilität.[88] Elemente werden durch Elementdeklarationen innerhalb der DTD spezifiziert. Sie haben die Form <!ELEMENT elementname inhaltselemente>. Inhaltselemente können EMPTY, ANY oder eine Modellgruppe sein. Empty bedeutet, daß kein Inhalt vorhanden ist, während bei ANY beliebige Inhalte vorhanden sein können. Hierarchisch untergeordnete Elemente werden durch Modellgruppen beschrieben. Sie enthalten weitere Elemente oder Text (Parsable Character Data (PCDATA)). Die baumartige, hierarchische Struktur des Dokuments läßt sich durch Abfolge und Anzahl der nachfolgenden Elemente steuern.[89]

Syntax	Bezeichnung	Beispiel	
|	Wahl	(a | b)	
,	Abfolge	(a , b)	
a	ein Element	(a)	
a*	kein oder beliebig viele	(a*)	
a+	ein oder beliebig viele	(a+)	
a?	optional	(a?)	

Tab. 3.1: Anzahl- und Abfolgekontrolle von Elementen. In Anlehnung an: Herwijnen [1994, S. 79].

Attribute

Jedem Element kann eine Attributliste zugeordnet werden. Innerhalb der DTD erfolgt die Deklaration durch

<!ATTLIST elementname	Attributname1	Notationstyp	Standardwert
	Attributname2	Notationstyp	Standardwert >

Innerhalb dieser Deklaration wird zunächst der Elementname angegeben und anschließend der jeweilige Attributname. Diesem können die zwei Parameter Notati-

---

[88] Vgl. DuCharme [1998, S. 139].
[89] Vgl. Bradley [1998, 54ff.].

onstyp und Standardwert zugeordnet werden. Der Notationstyp bezeichnet die Art des Attributs, z.B. Character Data (CDATA). Der Standardwert gibt Auskunft über den Gebrauch des Attributs, z.B. ob eine Angabe innerhalb der Auszeichnung zwingend, „#REQUIRED", erforderlich oder optional, „#IMPLIED", ist. Zeile 5 in Abb. 3.4 gibt ein Beispiel für eine Attributangabe.[90]

```
1    <?xml version=„1.0"?                         Angabe XML-Version
2    <!DOCTYPE    notiz [                          Anfang DTD
3    <!ELEMENT    notiz (img?, absatz)>            Elementdeklaration
4    <!ELEMENT    img EMPTY>
5    <!ATTLIST    img src CDATA #REQUI RED>        Attributdeklaration
6    <!ELEMENT    absatz (#PCDATA|img)*>
8    ].>                                           Ende DTD

9    <notiz>  <img src=„erstesbild.jpg"/>          Beginn XML-Dokumenteninstanz
10            <absatz>Ein Absatz kann mit Bildern gemischt werden
11            <img src=„zweitesbild.jpg"/>
12            </absatz>
13   </notiz>                                      Ende XML-Dokumenteninstanz
```

Abb. 3.4: Beispiel für ein XML-Dokument. Quelle: Eigene Darstellung.

Parameterinhalte und bedingte Abschnitte

Innerhalb einer DTD besteht die Möglichkeit, Parameter mit einem spezifischen Wert zu bestimmen. Der Parameter wird am Anfang der DTD deklariert. Im nachfolgenden Bereich wird der Parameter durch den Wert substituiert. Dies verringert die Größe der DTD, erhöht die Übersichtlichkeit und verringert die Fehleranfälligkeit gegenüber Schreibfehlern des Autors. Nachfolgend wird die Vorgehensweise durch ein Beispiel verdeutlicht:[91]

<!ENTITY % common "(para | list | table)">
<!ELEMENT chapter ((%common;)*, section*)>
Alternative Deklaration ohne Entity-Angabe:
<!ELEMENT chapter ((para | list | table)*, section*)>

Bedingte Abschnitte benutzen das Schlüsselwort INCLUDE und IGNORE. Der Befehl INCLUDE schließt Elementdefinitionen in die DTD ein, während IGNORE sie ausschließt und diese nicht geparst werden. In der Kombination mit Parameterinhalten kann ein schneller Ausschluß von Elementdefinitionen innerhalb der DTD erfolgen.

1. <!ENTITY % entwurf 'INCLUDE'>
2. <!ENTITY % fertig   'IGNORE' >

[90] Vgl. Bradley [1998, 60ff.].
[91] Vgl. Bradlay [1998, 65].

3. <![%entwurf;[<!ELEMENT kommentar (#PCDATA>].].>

4. <![%fertig;[<!ELEMENT kommentar EMPTY>].].>

Je nach setzen der Parameter in Zeile eins und zwei wird drei oder vier ein- bzw. ausgeschlossen.[92]

Notation-Deklaration

Ein Element in XML kann nicht-XML konforme Daten (nicht vom XML-Prozessor lesbar) beinhalten. Innerhalb von Element-Deklarationen müssen die erlaubten Formate spezifiziert werden. Entity-Deklarationen enthalten eine explizite Angabe über das eingebettete Format.[93] Das erste Beispiel ist die Übergabe der Datei LOGO.TEX an das Anwendungsprogramm TEXVIEW mittels des Befehls Notational Data (NDATA).

```
<!NOTATION TeX SYSTEM "..\TEXVIEW.EXE">
<!ENTITY Logo SYSTEM "LOGO.TEX" NDATA TeX>
```

Nicht-XML-Formate können außerdem über Attributdeklarationen referenziert werden.

```
1 <!NOTATION TeX SYSTEM "..\TEXVIEW.EXE">
2 <!ELEMENT IMAGE - - CDATA >
3 <!ATTLIST IMAGE format NOTATION (TeX | CGM) "CGM">
4 <IMAGE format="TeX">
5 $$\Gamma (J^psi ......
6 </IMAGE>
```

In Zeile drei erfolgt die Angabe von TeX als Format, die wiederum durch das Anwendungsprogramm TEXVIEW, Zeile eins, verweist. Bei Verwendung des Attributs in einer Auszeichnung (Zeile vier) werden die Daten (Zeile 5) an das Anwendungsprogramm durch den Parser übergeben.

3.4 Physische Struktur

Die Auszeichnung für die physische Struktur des Dokuments beschreibt den physischen Speicherort der Dokumentobjekte. Ein XML-Dokument kann aus einer oder mehreren Speichereinheiten (Elementen) bestehen und beinhaltet Text oder binäre Daten. Diese Teile können im XML-Dokument physikalisch isoliert bzw. extern

---

[92] Vgl. Behme [1998, 79f.].

gespeichert sein. Entities, die in einer Dokumenteninstanz vorkommen, referenzieren auf diese Daten. Z.B. kann der Begriff „Extensible Markup Language" einmal am Anfang mit dem Synonym „XML" definiert werden. Im Text erfolgt eine Referenzierung mit „XML". Der XML-Prozessor tauscht „XML" durch die lange Textversion aus.[94] Mehrfache Referenzen auf das gleiche Entitiy sind erlaubt und haben den Vorteil der Wiederverwendung von Informationen und Vermeidung von Datenredundanzen. Es werden folgende Entity-Typen unterschieden:

- Interne Text-Entities,
- Externe Text-Entities,
- Externe Binär-Entities.[95]

Interne Entities speichern die Daten innerhalb des Dokuments, während externe auf außerhalb des Dokuments gespeicherte Daten referenzieren. Binäre-Entities werden vom XML-Prozessor an die angeschlossene Anwendung weitergegeben. Die binären Daten können direkt verarbeitet werden, oder es wird der Name und die Adresse der zugehörigen Anwendung mitgegeben, die die Daten verarbeiten kann. Entities können innerhalb der Dokumenteninstanz angewendet werden (general entity) oder innerhalb der Auszeichnungen (parameter entity).

3.5 Extensible Linking Language (XLL)

XLL besteht aus den beiden Komponenten XML Linking Language (XLink) und XML Pointer Language (XPointer).

XLink

XLink beschreibt Konstrukte, die in XML-Dokumenten eingesetzt werden können und die Links zwischen Ressourcen beschreiben. Links ist die Bezeichnung von einer expliziten Verbindung zwischen zwei oder mehr Ressourcen oder Teilen einer Ressource.[96] Bis zum aktuellen Zeitpunkt ist dieser Standard noch nicht offiziell verabschiedet und hat den Status eines Arbeitsvorschlages.[97] Hinsichtlich ihrer enthaltenen Funktionalitäten gelten sie als komplett und werden daher dargestellt.[98] Das ur-

---

[93] Vgl. Bradley [1998, S. 67].
[94] Vgl. DuCharme [1999, S. 183f.].
[95] Vgl. Bradley [1998, S. 35f.].
[96] Vgl. DeRose [1999].
[97] Vgl. Behme [1999, S. 40].
[98] Vgl. Behme [1999a, S. 10].

sprüngliche Konzept von HTML mit Uniform Resource Locator (URL)[99]-Verweisen wird dabei erheblich erweitert, wobei XLink kompatibel bleibt.[100] Hypermedia/Time-Based Structuring Language (HyTime) und der Text Encoding Initiative (TEI) waren Vorbild für diesen Standard.[101]

Innerhalb eines Links werden Angaben über die zu verbindenden Ressourcen, den Ort der Ressource (Locator), der Relation der Ressourcen zueinander (Link) und den Verarbeitungsprozeß gemacht. Eine Ressource kann ein XML- oder HTML-Dokument, ein Bild, eine Multimedia-Datei aber auch eine ladbare Datei sein. Unterschieden wird in lokale und entfernte Ressourcen. Der Locator spezifiziert den Ort der Ressource.[102] Dieser wird mit einer URL angegeben. Diese kann erweitert werden durch eine Common Gateway Interface (CGI)-Spezifikation[103] oder spezielle Schlüsselwörter, die Angaben über eine Datenbankabfrage oder z.B. das Abspielen einer Audiodatei beinhalten. Das Verhalten innerhalb der Ressource kann durch XPointer[104] gesteuert werden, die ebenfalls an die URL angehängt werden.[105]

Linkangaben geben an, ob es sich um ein oder mehrere Datenobjekte oder Teile von Datenobjekten handelt, die in explizite Relation zueinander gebracht werden. Unterschieden werden Inline-Links, diese besitzen alle Angaben innerhalb der XLink-Angabe, und Outline-Links, die Linkinformationen in Gruppen innerhalb des Dokuments oder in einer externen Datei zusammenfassen. Diese Gruppen können besser und einfacher verwaltet werden, da erst dort die physische Adresse des Ziels angegeben wird. [106] Die Verarbeitungsprozesse werden hinsichtlich der Anzeige des Ziels und der Aktivierung unterschieden. Die angegebene Zielressource kann in einem neuen Fenster dargestellt werden, das bestehende Fenster ersetzen oder das Datenobjekt an die Stelle des Links einfügen. Der Link wird manuell (z.B. durch Anklicken) oder automatisch durch die Software ausgeführt.[107]

---

[99] Eine URL dient zur Angabe einer Ressourcenadresse innerhalb des Internet. Eine genauere Erläuterung findet sich in Kapitel 4.4.2.
[100] Vgl. O.V. [1999j].
[101] Vgl. O.V. [1999].
[102] Vgl. DeRose [1999].
[103] CGI ist eine definierte Schnittstelle zwischen HTTP-Server und Anwendungsprogrammen.
[104] XPointer werden innerhalb dieses Kapitels an späterer Stelle erläutert.
[105] Vgl. Simpson [1998, S. 95ff.].
[106] Vgl. Bradley [1998, S. 77f.].
[107] Vgl. Simpson [1998, S. 104].

XPointer

Während XLink die Relation und Verbindung zwischen unterschiedlichen Ressourcen oder Ressourcenteilen regelt, dient XPointer zur Bestimmung der Verweise innerhalb einer Ressource.[108] XLink Verweise können genauer spezifiziert werden. Zugegriffen werden kann auf die Struktur der Dokumente. So kann ein Selektieren der Zielressource, die an Startadresse bzw. Browser zurückgegeben werden kann, ermöglicht werden.[109] Es können gezielt einzelne Elemente oder Elementgruppen als Ziel angegeben werden. Die Verweise können absolut und relativ zur momentanen Position im Dokument sein. So ist es z.b. möglich, von einer Position zwei Kapitel zurückzugehen und dort auf die ersten fünf Absätze zu verweisen.[110] Mittels Stringverweisausdrücken kann ein Verweis auf beliebige Textteile zeigen. So könnte man sich z.B. das fünfte Vorkommen des Wortes „Backus-Naur-Form" in einem Dokument suchen lassen.[111] Weiterhin kann auf Bereiche, Attributwerte und Zeichendaten verwiesen werden.

3.6 Extensible Style Language (XSL)

XSL stellt die Formatierungskomponente von XML dar und ist eine Sprache für die Erstellung von Style Sheets. Sie dienen der Umwandlung von XML-Dokumenten in ein spezifisches Ausgabeformat und enthalten darüber hinaus ein XML-Vokabular für die Spezifizierung von formatierten Semantiken. Ein XSL-Style Sheet bestimmt die Präsentation einer Klasse von XML-Dokumenten durch die Beschreibung, wie eine Dokumenteninstanz mittels des Formatierungsvokabulars umgeformt werden soll.[112] XSL basiert bezüglich der Funktionalitäten auf der Document Style Semantics and Specification Language (DSSSL), der Formatierungssprache von SGML.[113] XSL ist noch nicht vom W3C offiziell verabschiedet und hat erst den Status eines Arbeitspapieres.[114] Grundsätzliche Funktionalitäten stehen aber schon fest. Die Kompatibilität zu Formatierungssprache wie HTML, CSS bleibt gewahrt, wobei die Funktionalität jedoch erheblich über diese hinausgeht:[115]

- Elemente aus XML-Dokumenten können neu geordnet werden,

---

[108] Vgl. Wilde [1999, S. 354f.].
[109] Vgl. Simpson [1998, S. 133f.].
[110] Vgl. Behme [1999, S. 41].
[111] Vgl. Behme [1998, S. 98].
[112] Vgl. Deach [1999].
[113] Vgl. O.V. [1999j].
[114] Vgl. Deach [1999].
[115] Vgl. Wilde [1999, S. 364f.].

- umfangreiche Selektionsmechanismen für Elemente,

  Elemente können anhand ihrer Position, Anzahl, ihres Namens und ihrer relativen Position im Ableitungsbaum selektiert werden,

- Textgenerierung,

  Text und Grafiken können in das formatierte Dokument eingesetzt werden,

- Unterstützung von ECMAScript,[116]

  benutzerdefinierte Funktionen können die Formatierung bestimmen,

- Erweiterbarkeit,

  XSL kann neue Formatierungsapplikationen unterstützen.

XSL wandelt darzustellende Elemente eines XML-Dokuments in sogenannte Fließ-objekte (flow-objects) um. Ein Fließobjekt ist eine visuelle Darstellung eines logischen Dokumentenobjektes. Zur Anwendung von XSL wird innerhalb des XML-Dokuments auf eine XSL-Datei verwiesen. Der Verweis enthält Angaben über die Lokalität der Datei und den verwendeten Texttyp. Ein Beispiel:

    <?xml-style sheet type=„text/xsl" href=„test.xsl"?>

Ein XSL Style Sheet besteht aus einer Anzahl von Formatierungsregeln. Diese geben an, welche und wie Patterns[117] formatiert werden sollen. Patterns innerhalb eines XML-Dokuments sind Elemente, die anhand folgender Merkmale spezifiziert werden können:

- Elementnamen

  (z.B. Element Einleitung),

- Elementnamen mit spezifischen Attributen

  (z.B. Autoren mit dem Attribut „male"),

- Elementnamen im Kontext zu anderen Elementen

  (z.B. Elemente „Autor" in der Einleitung des Buchs).

Ein Pattern wird in ein Fließobjekt umgewandelt, dem Positions- und Formatierungs-aktionen wie z.B. Schriftgröße 12, Fettdruck, zugeordnet werden können. Eine For-matierungsregel, um ein Fließobjekt nicht darzustellen, ist ebenso möglich.[118] Nach-folgend ein Beispiel für die Anatomie eines XSL Style Sheets:

---

[116] European Computer Manufacturers Association Script (ECMAScript) ist die standardisierte Variante von JavaScript und JScript.
[117] Eine deutsche Übersetzung ist in klarer Deutlichkeit nicht zu finden.
[118] Vgl. Simpson [1998, S. 196ff.].

```
1: <xsl>
2:      <rule>
3:              <target-element type="Elementname"/>
4:              <DIV font-size="12pt" font-family="sans-serif"
5:                      font-style="italic">
6:                      <children/>
7:              </DIV>
8:      </rule>
9: </xsl>
```

Abb. 3.5: Anatomie eines XSL Style Sheets. Quelle: Eigene Darstellung.

In obigen Beispiel wird dem Element „Elementname" (Zeile 3) eine CSS Formatierungsangabe (Zeile 4) zugeordnet. Dieses könnte allerdings auch eine XSL- oder DSSSL-Formatierung sein. Innerhalb der Formatierungsaktion können wiederum spezifische Elemente ausgewählt und formatiert werden.

Generelles Formatierungskonzept ist, daß jedes Fließobjekt in einem rechteckigen Bereich oder einer Folge von Bereichen formatiert wird. U.a. kann festgelegt werden:

- Abfolge der Bereiche,
- Größe der Bereiche,
- Bereiche innerhalb von Bereichen,
- Position der Fließobjekte in den Bereichen,
- Schreibrichtung innerhalb des Bereichs
  (links-nach-rechts, oben-nach-unten, rechts-nach-links),
- Textformatierungsangaben z.B. Angaben über Schriftgröße, -ausrichtung und -art.[119]

XSL besitzt eine baumartige Struktur aus Fließobjekten. Die Elemente des XML-Dokuments folgen dieser Struktur. Dadurch kann die Datenabfolge, abweichend von der logischen Struktur des Dokuments, in der visuellen Darstellung geändert werden. Der Zugriff auf die Vorfahren, Nachkommen und Geschwister der einzelnen Elemente des Dokuments ist möglich.[120]

---

[119] Vgl. Bradley [1998, S. 115ff.].
[120] Vgl. O.V. [1999j], Simpson, [1998, S. 217].

4 Technologische Anwendungsbereiche von XML in DMS

4.1 Architektur

4.1.1 Überblick

Der neu entwickelte Standard XML für eine Auszeichnungssprache läßt sich in verschiedenen funktionellen Bereichen von DMS technologisch einsetzen. Nachfolgend wird zur Schaffung eines Überblicks über das Gesamtsystem zunächst eine mögliche Architektur mit grobem Prozeßverlauf dargestellt. Darauf folgt die Darstellung der DMS-Funktionen und deren Unterstützung durch XML.

Die Architektur eines XML-DMS läßt sich noch nicht abschließend bestimmen, da funktionsfähige Systeme[121] in der Praxis existieren, diese aber noch keinen Standard darstellen. Aufgrund der Nähe zur Internet-Technologie, mit seiner Three-Tier/Client-Server-Architektur, den Anforderungen an ein DMS und den Standardisierungsbemühungen der DMA[122] mit einem ähnlichen architektonischen Aufbau, wird an dieser Stelle von einer Three-Tier Architektur, bestehend aus Client, Middleware und Ablagesystem, ausgegangen.[123]

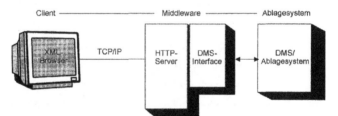

Abb. 4.1: Three-Tier-Architektur von XML-DMS-Lösungen. In Anlehnung an: Gulbins [1999, S. 120].

4.1.2 Client

Der Client besteht aus einem Personalcomputer und einer Browsersoftware, die das XML-Dokument empfangen, parsen, anhand der vorhandenen DTD auf logische Korrektheit prüfen und unter Verwendung der jeweiligen Formatierungsangaben

---

[121] Aussage beruht auf Herstellern wie Poet (O.V. [1999c.].), Oracle (O.V. [1999g].), Interleaf (O.V. [1999e].). Eine Evaluierung wurde nicht vorgenommen.

[122] Vgl. Kampffmeyer [1995, S. 43f.].

[123] Vgl. Bullinger [1996, 715f.], Fähnrich [1992], Gulbins [1999, S. 119], Klauke [1994, S. 96].

(XSL oder CSS) aufbereiten und auf dem Bildschirm anzeigen. Der Browser stellt das Interface zum Anwender dar.[124]

Insbesondere für Plattformen, denen ein originärer DMS-Clients nicht zur Verfügung steht oder bei denen Distribution der Client-Komponenten schwierig ist, bieten sich WWW- und Java-Clients an. Sie reduzieren wesentlich den Aufwand für die Distribution und Administration von Client-Komponenten.[125]

Durch die Verwendung von XML können Standardbrowser verwendet werden, während die meisten kommerziellen DMS proprietäre Clients haben. Alle großen Browserhersteller haben angekündigt, XML zu unterstützen.[126]

4.1.3 Middleware und Ablagesystem

Die sogenannte Middleware enthält die Logik des Gesamtsystems. Die Middleware entkoppelt die Anwenderseite von der physischen Speicherung der Daten im Ablagesystem. Der Client fordert (Anforderung via Hypertext Transfer Protocol - HTTP[127]) ein Dokument an, die Middleware prüft die Zugangsberechtigung, sucht das entsprechende Dokument im Ablagesystem und überträgt (Antwort via HTTP) das Dokument an den Client.[128] Die Middleware wird in der Praxis aus einem HTTP-Server[129] mit zusätzlicher Programmlogik für die Arbeit mit XML-Dokumenten, z.B. Versionsverwaltung, bestehen. Nachfolgend wird hierfür der Begriff "XML-fähiger HTTP-Server" gewählt. Ein Ablagesystem eines DMS kann Datei- und Datenbanksystemen enthalten. Der Server kann auf Dateisysteme selbsttätig zugreifen. Die Kopplung zwischen Datenbank und Server lassen sich unterscheiden in

- *generische Anbindungen,*
  Server-Einbindung vorhandener Datenbanken,
- *primäre Anbindungen,*
  Server wird in eine Datenbank integriert,

---

[124] Vgl. Gulbins [1999, S. 119].
[125] Vgl. Gulbins [1999, S. 125f.].
[126] Vgl. Turner [1999], o.V. [1999b].
[127] HTTP ist ein generisches, zustandsloses und objektorientiertes Protokoll für den Datenaustausch im WWW. Es definiert, wie Nachrichten formatiert und übertragen werden und welche Aktionen der Server bzw. der Client ausführen soll. Vgl. Minoli [1997, S. 140].
[128] Vgl. Bichler [1997, S. 21ff.].
[129] HTTP-Server steht synonym für Web-Server.

- *server-interne Anbindungen,*

  Verwaltung von Dokument-Metainformationen in einer Datenbank und Speicherung der Dokumente im Dateisystem.[130]

Für DMS besonders geeignet sind generische, da vorhandene Datenbanken benutzt werden können, sowie server-interne Anbindungen, die einen Zugriff über Metain-formationen der Dokumente erlauben. Anbindungsschnittstelle können das CGI, Application Programming Interface (API) oder Java sein. CGI weist gegenüber der API, die direkt in den Server integriert ist, einen Performance-Nachteil auf, da ein CGI-Programm bei Aufruf jedesmal gestartet werden muß.[131] Zur Kommunikation zwischen CGI-Programm oder Server-API dienen Anbindungsprotokolle wie Open Database Connectivity (ODBC), DataBase Driver/DataBase Interface (DBD/DBI) usw.,[132] die hier aber nicht weiter dargestellt werden.

4.2 Datenerfassung, Datenkonvertierung und Dokumentengenerierung

Eine Datenerfassung soll anfallende Informationen aus realen Prozessen maschinell verarbeitbar machen[133] und diesen Prozeß in ausreichender Qualität und ausreichen-der Erfassungsgeschwindigkeit[134] unter Einhaltung der Grundsätze der Richtigkeit, der Vollständigkeit und der Rekonstruierbarkeit durchführen.[135] Die Datenerfassung läßt sich nach interner und externer Datenherkunft gliedern. Daten die innerhalb des Systems entstehen, können manuell oder automatisch eingegeben werden. XML in Kombination mit XSL und einem Browser kann manuelle Eingaben durch eine dia-loggeführte Maske unterstützen. Dabei können Eingabeprüfungen mittels XSL-Regeln vorgenommen werden. Weiterhin ist natürlich die Erstellung durch eine einfache Textverarbeitung ohne Formatierungskomponenten mit manueller Eingabe der Auszeichnungen möglich. Automatische Erfassungen sind für strukturierte Daten durch eine maschinelle Konvertierung in ein XML-Dokumentenformat relativ ein-fach möglich. Externe Daten sind zumeist analoge Dokumente. Die Datenerfassung kann manuell durch Abschreiben oder mit einer Datenkonvertierung realisiert wer-den.

---

[130] Vgl. Schätzler [1997, S. 267].
[131] Vgl. Bichler [1997, S. 77].
[132] Vgl. Schätzler [1997, S. 266ff.].
[133] Vgl. Schwarze [1997, S. 78].
[134] Vgl. Gulbins [1999, S. 184].
[135] Vgl. Hoffmann [1996, S. 86ff.].

Datenkonvertierung bezeichnet die Umwandlung von Daten aus einem spezifischen in ein anderes Datenformat. Eine Datenkonvertierung in ein einheitliches Format wird auch als Normalisierung bezeichnet.[136] Überwiegend besitzen Unternehmen und Verwaltungen umfangreiche Altdaten. Diese Dokumente können in Papierform, als NCI- (z.B. Faxe), CI-Dokumente, Dateien mit layoutorientierter Strukturierung (z.B. Word-Dateien) oder mit logischer Strukturierung (z.B. SGML-Dokumenten-instanzen) vorliegen. Die Konvertierung der Altdokumente in ein für ein DMS lesbares Format wird als „Document Engineering" bezeichnet. Die Kosten hierfür sind sehr hoch.[137]

Die Realisierung in XML kann eine Integration der Altsysteme ohne eine Konvertierung der Datenbestände sein. Der physische Speicherort der Altdaten wird als externes Entity in der XML-Dokumenteninstanz angegeben. Altdaten, die hinsichtlich ihres Formats nicht vom Browser unterstützt werden, können mit Notation-Deklarationen integriert werden.[138] Die Vorteile der logischen Strukturierung von XML stehen dem System dann allerdings nur beschränkt zur Verfügung, da eine geringere Granularität den semantischen Informationsgehalt sinken läßt oder Dokumentobjekte aufgrund ihres Formats nicht durchsucht werden können (z.B. bei gescannten Seiten).[139]

XML-Dokumente können bei Abruf generiert und an den Informationsnachfrager angepaßt werden. Ein Programm erweitert das abzurufende Dokument automatisch um interne Entity-Deklarationen, die Variablen innerhalb des Textes durch die angegebenen Entities austauscht. Das Dokument kann dadurch benutzerspezifisch angepaßt werden. Bei Abruf z.B. eines Urlaubsantrages werden die Daten des Abrufers, welche durch eine Benutzerverwaltung bekannt sind, dem Dokument durch Entity-Deklarationen hinzugefügt. Die Variablen im Dokument werden durch die Entity-Werte substituiert.[140]

---

[136] Vgl. Kowalski [1997, S. 9].
[137] Vgl. Altenhofen [1997, S. 71].
[138] Ähnliche Möglichkeiten mit konventioneller Webtechnologie wurden von Berndt [1994, S. 70f.]. vorgeschlagen.
[139] Vgl. Bielawski [1997 , S. 92].
[140] Vgl. Rubinsky [1997, S. 359].

4.3 Datenformate und Dokumentversionen

4.3.1 Integrations- und Formataspekte

Datenformate lassen sich innerhalb von DMS in Hardwarefomate, Dateisystemformate, Dateiformate und Kodierungsformate untergliedern.[141] XML unterstützt unterschiedliche Dateiformate und Kodierungsformate innerhalb seiner Dokumente.

Darüber hinaus erlaubt XML die Erzeugung von Komponenten- und selbstbeschreibenden Dokumenten, die NCI- und CI-Elemente enthalten können. NCI Elemente innerhalb des Dokuments können verschiedenen Dateiformats sein (z.B. Audio-, Video-, Grafikdateien), während CI-Objekte einer unterschiedlichen Kodierung unterliegen. Den Dokumenten können Metainformationen beigefügt werden, die für die Weiterverarbeitung nötig sind. Nachfolgende Tabelle stellt die zusätzlichen Informationen dar:[142]

Metainformationen	Realisierung in XML
• Logische Struktur (Aufbau eines Briefs in Anschrift, Betreff und Textkörper)	• Festlegung durch DTD
• Layout (z.B. Größe und Position der Objekte)	• Zuordnung von CSS oder XSL zum Dokument
• Klassifikation eines Dokuments (z.B. Formular für einen Kreditantrag)	• DTD stellt eine Klassifikation von Dokumenten durch die Bildung der logischen Strukturen dar.
• Angabe zur Verarbeitung in externem Programm	• Weitergabe von Daten an externes Programm durch Notation-Deklarationen möglich

Tab. 4.1: Metainformationen und deren Realisierung in XML. Quelle: Eigene Darstellung.

Innerhalb von Intranets[143] werden Dateien selten direkt in HTML, sondern in einem anderen Anwendungsprogramm erstellt und danach in HTML, GIF oder PDF (Portable Document Format) konvertiert. Hieraus ergeben sich Probleme hinsichtlich der Dateisynchronisation. Jede Änderung am Originaldokument erfordert eine Neukonvertierung. Im Falle einer Weiterleitung zu einem externen Programm können Dokumentobjekte in XML-Dokumenten im Original erhalten bleiben.[144]
Innerhalb des XML-Dokuments erfolgt eine Datenintegration von NCI-Dokumentobjekten durch Angabe einer externen Applikation, die diese Daten verar-

---

[141] Vgl. Gulbins [1999, S. 214].
[142] Vgl. Teuber [1996, S. 187f.].
[143] Interne Netze ohne Anschluß an ein öffentliches Netz das Internettechnologien anwendet. Es wird häufig in Unternehmen als Kommunikations- und Informationsmedium eingesetzt.
[144] Vgl. Bielawski [1997, S. 24f.].

beiten kann, wenn der XML-Browser dieses Format nicht beherrscht. Die entsprechende Anwendung wird aufgerufen, und die Daten werden an diese weitergeleitet.

Bei CI-Dokumentobjekten handelt es sich überwiegend um kodierten Text. Beispiele für Codierungen sind der Unicode-, ASCII- und der ISO 8859/1-Zeichensatz. Von XML werden die Unicode Standards UTF-8 und UTF-16[145] zwingend unterstützt.[146] Eine Kompatibilität zu dem weit verbreiteten Standard ISO 10646 besteht und erlaubt eine Unterstützung der meisten Schriftsätze der Welt. Eine Ausnahme bildet Han, chinesische Schriftzeichen, die in China, Korea und Japan verwendet werden. Eine Integration kann erst nach abgeschlossener Schriftzeichenforschung erfolgen. Unicode ermöglicht es, verschiedene Sprachen mit unterschiedlichen Alphabeten innerhalb eines elektronischen Dokuments darzustellen.[147] Der Standard XML unterstützt mit Unicode multilinguale Umgebungen und bietet bei Bedarf auch Erweiterungen zu anderen Standards.[148] Die Mehrsprachigkeit von Dokumenten ist daher gewährleistet.

Ältere Textverarbeitungsprogramme können physische Dateiformate von neueren Programmversionen nicht lesen, da nur eine „Abwärtskompatibilität" der Programme gewährleistet wird.[149] Programme unterschiedlicher Hersteller sind untereinander inkompatibel. Dateikonvertierungen sind meistens problematisch.[150] XML definiert die logische Struktur des Dokuments durch die DTD. Grundsätzlich bleiben alle syntaktisch richtigen XML-Dokumente für alle XML-Anwendungen les- und interpretierbar. Neuere DTD-Versionen können daher unabhängig von der Programmversion der XML-Anwendung verwendet werden. Der Gebrauch von Notation-Deklarationen verlangt allerdings nach einer Kompatibilität der externen Anwendung zu den übergebenen Daten. In bisherigen Computersystemen bildet die älteste existierende Programmversion den kleinsten gemeinsamen Nenner der verwendeten Dateiformate. XML bietet hier flexiblere Möglichkeiten. Durch die physische Formatunabhängigkeit von XML können neue Auszeichnungen in einer DTD hinzugefügt werden.[151]

---

[145] UTF=UCS Transformation Format
[146] Vgl. Bray [1999, S. 22f.].
[147] Vgl. O.V. [1999a], Hoffman [1999].
[148] Vgl. Bray [1999, S. 22f.].
[149] Vgl. Rath [1999].
[150] Vgl. Herwijnen [1994, S. 3].
[151] Vgl. Robie [1999].

4.3.2 Versionsverwaltung

Eine Dokumentversion kann definiert werden als die Variabilität eines Dokuments von einem Ursprungsdokument. Es lassen sich zeitliche und parallele Dokumentversionen unterscheiden. Zeitliche Dokumentenversionen können im Zeitablauf entstehen (z.B. Veränderung eines Textes und Neuspeicherung) oder es können verschiedene Versionen eines Dokuments parallel angeboten werden (z.B. Dokumentversionen in Deutsch, Spanisch etc.).

Parallele und zeitliche Dokumentenversionen können im Header oder als Attribut in der XML-DTD[152] berücksichtigt werden und in der Auszeichnung abgelegt werden. Fortlaufende Versionsnummern können linear (z.B. 3.4, 3.5) oder parallel linear (z.B. 3.4.1, 3.4.2, 3.3.1, 3.3.2) die zeitliche Entwicklung eines Dokuments spezifizieren.[153] Parallele Dokumentversionen werden durch Metainformationen gekennzeichnet. Dokumente gleichen Inhalts mit mehreren Sprachen lassen sich durch ein Attribut mit Sprachangabe bestimmen. Nachfolgendes Beispiel dient der Erläuterung:

Deklaration in DTD	<!ATTLIST absatz sprache (englisch|spanisch|deutsch)
Innerhalb Dokumenteninstanz	<absatz sprache="spanisch">Habla español!</absatz>
	<absatz sprache="deutsch">Man spricht deutsch!</absatz>

4.4 Dokumentenverwaltung

4.4.1 Zugriffsschema und Benutzerverwaltung

Die hohe Anzahl an Dokumenten in einer Unternehmung erfordert einen effizienten Zugriff auf diese unter Erhaltung der Datenkonsistenz. Eine wirkungsvolle Dokumentenverwaltung, basierend auf einem Zugriffs- und einem Adressierungsschema, ist erforderlich.

Ein Zugriffsschema bestimmt, auf welche Weise Subjekte Objekte manipulieren dürfen.[154] Unterscheiden lassen sich die Zugriffsarten Keine-Anzeige, Nur-Lesen, Schreiben, Neuerstellung und Löschen. Als Dokumentobjekte lassen sich das Doku-

---

[152] Eine Verwaltung von Dokumentenversionen mit einer SGML-DTD wurde von Latz [1992] vorgeschlagen. Eine Übersetzung in XML ist prinzipiell möglich.
[153] Vgl. Bielawski [1997, S. 76ff.].
[154] Vgl. Schwill [1993, S. 168].

ment an sich, die Entities und die Speicherobjekte, wie z.B. Dateien, spezifizieren.[155] Diesen können Zugriffsrechte zugeordnet werden. Ein Zugriffsschema läßt sich durch folgende Möglichkeiten realisieren:

Allgemein:

- Betriebssystem (Benutzergruppen mit Dateizugriffsrechten),
- Datenbanken für Dokumente und Entities (Felder mit Zugriffsrechten),
- Indexdatenbank mit Feldern für Zugriffsrechte u.a.,

Realisierung mit XML:

- Header in Form von Auszeichnungen,
- Attributangaben,
- XSL Style Sheets.

Betrachtet werden innerhalb dieser Arbeit nur Realisationsmöglichkeiten mit XML. Für eine Benutzerverwaltung müssen sich die Subjekte innerhalb eines Systems zur Identifikation anmelden.[156] Jeder Benutzerberechtigung sind wiederum Zugriffsrechte zugeordnet. Bei Anforderung eines Dokuments wird überprüft, ob das angeforderte XML-Dokument für das Subjekt zugelassen ist. Diese Informationen können als Auszeichnungen in Form eines Headers oder als Attribute zu Auszeichnungen erfolgen. Wenn ein Zugriff erlaubt ist, wird das XML-Dokument an die auffordernde Stelle übersandt.

XSL kann den Zugriff durch die Art der Darstellung auf dem Bildschirm bestimmen. Hierdurch ergeben sich Möglichkeiten Elemente nicht-anzuzeigen, nur-lesend oder editierbar darzustellen. Eine Benutzeridentifikation muß dem Browser jedoch vorher mitgeteilt worden sein, damit die Konstruktionsregel angewandt werden kann. Eine Realisierung einer Anmeldung ist z.B. durch ein Java-Applet[157] möglich.[158] Die gespeicherte Benutzeridentifikation kann dann von XSL ausgelesen werden. Die Möglichkeit, Darstellung und Zugriff auf jedes einzelne Element durch Regeln in XSL festzulegen, macht eine Realisierung eines feinstufiges Zugriffs- und Darstellungsschema möglich.

---

[155] Vgl. Goldfarb [1997, S. 193f.].

[156] Der Prozeß der Anmeldung wird aufgrund der verschiedenen Realisierungsmöglichkeiten nicht genauer dargestellt.

[157] Java-Programme, die in ein Web-Dokument integriert werden können.

[158] Vgl. Gesprächsprotokolle [1999, 07].

Eine weitere Möglichkeit besteht in der Zuordnung von Benutzern zu Dokumenten-klassen.[159] Bei Anforderung eines Objekts (z.B. einer Rechnung) werden je nach Zugriffsrecht ein XML-Dokument mit entsprechender DTD und zugeordnetem Style Sheet erzeugt. Das Dokument enthält nur Informationen, die der Benutzer mit den entsprechenden Lese- bzw. Editierrechten benötigt.

4.4.2 Adressierungsschema

Ein XML-Dokument bzw. die enthaltenen Dokumentenobjekte müssen eindeutig adressiert werden, um ein Wiederfinden im System zu ermöglichen. Folgende Adres-sierungsverfahren lassen sich unterscheiden:

- Pfadangabe und Dateiname im Dateisystem,[160]
- eindeutiger Schlüssel in einem DBMS,
- indirekte Adressierung über Indexdatenbank,
- Verweis auf analogen Ablageort,
- Universal Resource Identifier (URI) bzw. URL.

Eine Pfadangabe und Dateiname in einem Dateisystem ist ein vom Betriebssystem unterstützer Weg, Dateien zu identifizieren. Datenbanken enthalten Schüssel, die eindeutige Bestimmungen von enthaltenen Dokumenten oder Adreßverweisen auf Dokumente möglich machen. Die Adreßverweise können dann wiederum auf ein Dateisystem oder einen analogen Ablageort verweisen.

URI ist ein Internet-Standard zur Vereinheitlichung der Adreßinstruktionen verschie-dener Protokolle, z.B. File Transfer Protocol (FTP), Telnet, und Adressen von Ob-jekten. URL ist eine spezielle Form einer URI, bestehend aus einer Schemaangabe (z.B. HTTP, telnet[161]) und einem schemaabhängigen Teil.[162] Z.B. besteht die Schema-angabe HTTP aus Hostnamen, Port-Nummer und einem Dateinamen und -pfad.[163] XML-Dokumente oder Datenobjekte können so durch Zuweisung eines eindeutigen

---

[159] Dokumenten sind Attribute (z.B. bei einer Versicherungspolice Versicherungsnummer, Kundenname, Ein-gangsdatum) zugeordnet. Dokumente mit gleichen Attributen können zu Dokumentenklassen zusammmenge-faßt werden. Vgl. Gulbins [1999, S. 19]
[160] Verzeichnisse eines Systems und deren Benutzerverwaltung lassen sich über einen Verzeichnisserver wie z.B. X.500-Server organisieren (vgl. Wilde [1999, S. 456ff.]).
[161] Telnet ist Internetdienst und ermöglicht terminal-orientierte Prozesse.
[162] Vgl. Wilde [1999, S. 568f.].
[163] Beispiel: http://www.hostname.de/Pfad/GesuchteDatei.xml.

Namens im Netz adressiert werden.[164] Innerhalb eines Intranets liegt die Aufgabe der eindeutigen Vergabe des Host-Namens auf Seiten des Netzadministrators. Im Internet wird der Name vom Network Information Center (NIC) zentral vergeben. URL ist der Standard innerhalb des WWW und kann für XML-basierte DMS angewendet werden.

Die URL kann via CGI[165] einen Zugriff auf eine Datenbank realisieren. Das aufzurufende Programm und die Programmparameter werden an die URL angehängt. Die CGI-Schnittstelle startet dann das Programm und übergibt die Programmparameter.[166] Das CGI unterliegt einigen Beschränkungen wie der Zustandslosigkeit von HTTP oder der schlechten Lastverteilung zwischen Client und Server. Durch Java-Applets auf der Client-Seite können eigene Netzverbindungen zum Datenbankserver über Java Database Connectivity (JDBC) ohne den Umweg über HTTP aufgebaut werden und die Performance verbessern.[167]

4.5 Speicherung

4.5.1 Überblick

Innnerhalb eines DMS müssen anfallende Daten gespeichert werden. Unterschieden werden Ablage und Archiv. Ein Archiv nimmt eine langfristige Auslagerung von Dokumenten auf externe Datenträger vor, während eine Ablage einen kurzfristigen Zugriff ermöglicht.[168] Die Verwendung von XML in Archiven beinhaltet keine Aspekte, die über die Verwendung in Ablagesystemen hinausgehen. Nachfolgende Betrachtung beschränkt sich daher auf XML in Ablagesystemen.

XML-Dokumente sind Behälter, die sich und die Inhaltsobjekte selbst beschreiben und den Ort der Speicherung der Elemente angeben.[169] Enthaltene Inhaltsobjekte können in Datenbanken, Dateisystemen oder anderen Ablagesystemen gespeichert werden. Eine verteilte Speicherung der Inhaltselemente ist daher möglich.

---

[164] Vgl. Schätzler [1997, S. 100]
[165] Für eine umfangreiche Darstellung siehe Wilde [1999, S. 411ff.].
[166] Vgl. Schätzler [1997, S. 102].
[167] Vgl. Bichler [1997, S. 50].
[168] Vgl. Hansen [1992, S. 848f.].
[169] Vgl. Leventhal [1998, S. 79].

In DMS wurde überwiegend ohne Dokumentstrukturierung das Dokument als Ganzes abgespeichert, da eine Zuordnung der einzelnen Inhaltskomponenten in ein Ablagesystem mit getrennter Speicherung aufgrund fehlender Semantik nicht möglich war.[170] Durch die Auszeichnung der Inhaltskomponenten der XML-Dokumenteninstanz besteht ein höheres Granularitätsniveau. Eine Extraktion aus dem Dokument und Zuordnung zu konkreten Datenbankfeldern kann vorgenommen werden. Die Speicherung in Datenbanken wird hierdurch vereinfacht.[171]

Die einmalige Abspeicherung und mehrfache Nutzung vermeidet redundantes Vorkommen von Daten. Integrierte Informationssysteme haben den Vorteil, daß Anwendungen auf der gleichen Datenbasis aufsetzen, die logisch zentral verwaltet wird.[172] Dies entspricht dem „Single Source-Multiple Media"[173] Gedanken. Grundsätzlich sind XML-Dokumente strukturierte Daten und für verschiedene Anwendungen verwendbar.

4.5.2 Speichervorgang und Organisation der Speicherung

Der XML-Server erhält von der Benutzerseite ein XML-Dokument zur Ablage. Es ergeben sich drei Verfahren der Speicherung:

1. Speicherung des gesamten Dokuments mit allen Dokumentobjekten,
2. Speicherung des Dokuments getrennt von seinen Dokumentobjekten,
3. Zerlegung des Dokuments in seine Bestandteile und keine Speicherung des XML-Dokuments, sondern nur seiner Dokumentobjekte.

Die DTD-Angabe im Kopf des Dokuments spezifiziert das empfangene Dokument und ordnet es der Dokumentenklasse zu. Dieser Dokumentenklasse können dann wiederum Speichertransaktionen zugeordnet werden, die im Ablagesystem zur Ausführung kommen. Die Zerlegung des Dokuments erfolgt durch ein Programm. Geeignet sind hierfür CGI-Programme und Java-Applikationen.[174]

Für XML-Dokumente ergeben sich verschiedene Formen der Speicherung. Es ist zu beachten, daß die Strukturierung der Dokumente und die Möglichkeit der Attributie-

---

[170] Vgl. Leventhal [1998, S. 37f.].
[171] Vgl. Leventhal [1998, S. 97f.].
[172] Vgl. Brosda [1995, S. 29].
[173] Vgl. Altenhofen [1997, S. 71].

rung der Elemente eine genaue Identifikation der Daten und damit eine bessere Zuordnung zu den Ablagesystemen ermöglicht. Es ergeben sich mehrere Möglichkeiten
der elektronischen Speicherung:

- Dateieinzelablage,
- Sequentielle Dateiorganisation,
- Indexdatei,
- Datenbank.

Die einfachste Form ist die Speicherung des gesamten Dokuments in einem Dateisystem. Es handelt sich hierbei um eine Textdatei, die allerdings auch binäre Objekte
beinhalten kann. Die textuellen Teile sind mit jedem einfachen Textverarbeitungs-
programm lesbar. Jede Datei hat einen Speicherort mit einer Laufwerks- und Pfadangabe innerhalb des Netzwerks. Die Referenzierung in Form einer URL ist zu empfehlen.[175]

Eine Indexdatei ermöglicht eine Abstraktion von der tatsächlichen physischen Speicherung. Es wird innerhalb der Indexdatei, z.B. durch ein Suchwort, ein Dokument
identifiziert und durch die in dem jeweiligen Datensatz enthaltene physische Adresse
auf das entsprechende Dokument verwiesen. Der Suchprozess wird hierdurch erheblich beschleunigt, und es erfolgt eine zentrale Verwaltung. Eine Indexdatei kann
weitere Angaben über Zugriffsrechte, Check-In/Out, Ablageort, Metainformationen
über Dokumente usw. enthalten. Mittels Check-In/Out wird geregelt, daß die Editierung eines Dokuments nur für einen Anwender gleichzeitig möglich ist. XML-
Dokumente oder Elemente lassen sich in Datenbanken abspeichern. Die entsprechenden Mutationen werden durch das DBMS ausgeführt. In Frage kommen objektorientierte und relationale Datenbanksysteme. Für eine Abspeicherung von XML-
Dokumenten inklusive enthaltener Entities sind aufgrund des objektorientierten
Aufbaus der Dokumente objektorientierte Datenbanken am besten geeignet. Relationale Datenbanken erhöhen den Aufwand, sind aber prinzipiell verwendbar.[176]

4.5.3 Besonderheiten

Ein Datenkatalog verwaltet die gemeinsamen und relevanten Metadaten aus den

---

[174] Vgl. Chang [1998, S. 223ff.].
[175] Vgl. Schätzler [1997, S. 100].

systemtechnischen Werkzeugen und Anwendungen.[177] Bei Einführung eines XML-DMS ist eine Erweiterung hinsichtlich der Informationen über Dokumentklassen bzw. DTD und den jeweils enthaltenen Daten sinnvoll. Idealerweise erfolgt eine automatische Generierung von DTD aus den zusammengefaßten Informationseinheiten, die durch entsprechende Datenkatalog-Werkzeuge ausgewählt werden.

DTDs bieten die Möglichkeit, eine Unternehmensdokumentenarchitektur zu erstellen. Diese muß eine Dokumentation der Dokumententypen, ihres Zwecks, ihrer Zielsetzungen, ihrer Struktur und der sie beschreibenden Attribute und Elemente enthalten. Hilfreich ist die Sammlung der Dokumententypen und deren Beschreibung in einem Datenkatalog für Dokumente.[178] Die Zusammenfassung von DTD durch die Entity-Technik ermöglicht ein weitergeben von Eigenschaften einer DTD an eine andere Klasse. Für die neue DTD ist die extern gespeicherte DTD nicht zugänglich. Es ergibt sich hieraus eine an die Objektorientierung angelehnte Entwicklungsmöglichkeit einer Dokumentenarchitektur.

Erfolgt eine Integration von Mainframes durch eine Umwandlung von z.B. Daten für eine 3270-Emulation[179] in ein XML-Dokument, kann die Speicherung wie üblich durch das Mainframe durch Rückkonvertierung in das entsprechende Datenformat erfolgen.

4.6 Datendistribution

Innerhalb von Unternehmungen werden vielfach schon Intranets zur Distribution von Informationen verwendet. Unter einem Intranet versteht man ein unternehmensinternes, auf dem Transportprotokoll Transmisson Control Protocol/Internet Protocol (TCP/IP) basierendes Netz, das auf der Basis von offenen Internetstandards eine leistungsfähige Infrastruktur für Informationsaustausch, Kommunikation und Applikationen bildet und den Zugriff auf bestehende Applikationen bzw. Unternehmensdaten ermöglicht.[180]

---

[176] Vgl. Hutchinson [1998, S. 47], Schätzler [1997, S. 102].
[177] Vgl. Schwinn [1998, S. 105].
[178] Vgl. Schmidt [1995, S. 206f.].
[179] 3270-Emulation ist eine IBM-Technologie zur Darstellung von zeichenorientierten Eingabedialogen.
[180] Vgl. Zlabinger [1997, S. 151].

Mit TCP/IP werden die ersten 4 Schichten des ISO/OSI[181]-Schichtenmodells[182] abge-deckt. Es ist die Grundlage für die Anwendungsprotokolle des Internets bzw. Intra-nets. Da XML eine Technologie aus dem Internet-Bereich ist, wird TCP/IP innerhalb des DMS eingesetzt. Vorteil ist die Einsetzbarkeit von kostengünstigen, ausgereiften und innovativen Hard- und Software-Standardprodukten sowie die Kompatibilität bei Öffnung des Intranets zum Internet. Eine TCP/IP Anbindung ermöglicht auch eine einfache Integration von zeichenorientierten Arbeitsplätzen (z.B. 3274 Terminal) in das DMS.[183]

Als Kommunikationsprotokoll wird im WWW das HTTP eingesetzt. Es ermöglicht die Kommunikation zwischen dem Server und dem Client. Meistens wird vom Client eine Anfrage über eine TCP/IP-Verbindung gesandt. Die Antwort beinhaltet die erforderlichen Daten in Form des HTML-Dokuments. Der Anfrage-Header beinhaltet Angaben über die zu verwendende Methode (z.B. Löschen, Ablegen), womit er dies vor hat (Angabe der URL) sowie zusätzliche Angaben (z.B. Browserversion, einge-stellte Landessprache). Die zusätzlichen Angaben können zur serverseitigen Aus-wertung verwandt werden. So können, z.B. je nach Spracheinstellung des Browsers, Dokumente in der betreffenden Sprachversion versandt werden.[184]

Der Einsatz von XML bereitet in einem Local Area Network (LAN) und Wide Area Network (WAN) aufgrund der zugrundeliegenden erprobten Standards keine Pro-bleme. Die Netzbelastung kann je nach Anwendung von XML in einem DMS hoch oder niedrig gestaltet werden. Eine Quantifizierung kann im Rahmen dieser Diplo-marbeit leider nicht erfolgen, daher werden nur Einflußfaktoren der Netzbelastung genannt:

---

[181] OSI - Open System Interconnect
[182] Vgl. Schwarze [1997, S. 122]; ISO - International Standardization Organization; OSI - Open Systems Inter-connection.
[183] Vgl. Umstätter [1992, S. 41], o.V. [1999d].
[184] Vgl. Schätzler [1997, S. 176ff.].

Höhere Netzbelastung	Geringere Netzbelastung
DTD zentral im Netz gespeichert	DTD im Dokument integriert
Verteilte Dokumentenobjekte	Dokumentenobjekte im Dokument enthalten
Gesamtes Dokument wird geladen	Nur ein Teil der Baumstruktur des Dokuments wird nach Bedarf geladen
Verwendung von NCI-Objekten	Verwendung von CI-Objekten

Tab. 4.2: XML-Dokument-Aufbau und seine Einflußfaktoren hinsichtlich der Netzbelastung. Quelle: Eigene Darstellung.

Zentral gespeicherte und geschachtelte DTD oder verteilte Dokumentenobjekte machen bei Empfang eines XML-Dokuments beim Client ein Nachladen der Informationen nötig. Der mehrfache Aufbau einer Kommunikation und die jeweils erstellten Header-Daten erhöhen prinzipiell die Netzbelastung. Eine Ausnahme bilden große Dokumente, z.B. umfangreiche Gebrauchsanweisungen, die jeweils nur bei Anforderung Teile des Gesamtdokuments abrufen.[185] Generell bedingt eine einfache Administration und Mehrfachverwendung von Dokumentobjekten und DTD eine höhere Netzauslastung. NCI-Objekte wirken sich, wie bei herkömmlichen DMS auch, durch ihre Größe negativ aus.

4.7 Information Retrieval

4.7.1 Allgemein

Information Retrieval (IR) ist die englische Bezeichnung für die Wiedergewinnung von Informationen innerhalb eines Informationssystems. Dies beinhaltet nicht nur die Suche, sondern auch die Zusammenstellung von Informationen.[186] Andere Definitionsansätze beziehen die Speicherung mit ein[187] oder beschreiben IR als die Beschäftigung mit dem technisch gestützten Prozeß des Wissenstransfers vom Wissensproduzenten und dem Informations-Nachfragenden.[188] Diese Arbeit betrachtet IR unter den Gesichtspunkten Suche und Zusammenstellung von Informationen.

---

[185] Der XML-Client muß die Fähigkeit dazu besitzen.
[186] Vgl. Schwill [1993, S. 317].
[187] Vgl. Kowalski [1997, S. 2].
[188] Vgl. Knorz [1995]

Effektives Kommunikationshandeln innerhalb des Interaktionsmodells wird bestimmt durch Relevanz der Nachricht und pragmatische Kompetenz bzw. das Verste-
hen des Nachrichtenempfängers. Die Relevanz wird bestimmt durch Quantität, Qualität, Relation und Stil der Nachricht.[189] Die bisherigen Volltextsuchsysteme produ-
zieren Suchergebnisse, die bei keiner exakter Übereinstimmung mit der Suchanfrage
die wichtigsten Dokumente nicht enthalten. Die gefundenen Dokumente werden
manuell überprüft und irrelevante aussortiert. Die Bearbeitungszeit ist bei relevanten
und irrelevanten Dokumenten nahezu gleich. Die Informationsselektion beansprucht
daher häufig mehr Zeit als die Informationssuche.[190] Dem Interaktionsmodell wird
dann nicht entsprochen.

4.7.2 Suchverfahren

Ein Suchverfahren dient zur Ermittlung von Objekten, die eine bestimmte Bedin-
gung, das Suchkriterium, erfüllen. Betrachtet werden textuelle Suchverfahren (CI-
Objekte). Suchmöglichkeiten in NCI-Objekten werden aufgrund des Anfangsstadi-
ums der Forschung nicht näher betrachtet.

Hinsichtlich der Suchverfahren können Funktionen unterschieden werden, die das
Verhältnis zwischen Suchwörtern (z.B. Boolsche Suche, Suchwörterabstand, Fuzzy-
Suche, Statistisches Ranking etc.) und die Interpretation eines einzelnen Wortes (z.B.
Trunkierungen, Zeit- und Datumseingrenzungen, Thesauri, Ranking etc.) festlegen.
Weiterhin läßt sich eine Unterscheidung in themenorientierter Suche (Konzept-
Retrieval-Metainformationssuche) und inhaltsorientierter Suche (Suche innerhalb des
Dokumenteninhalts) vornehmen.[191]

Mit XML ist es möglich, eine Sprache zu erzeugen, die den Dokumenteninhalten
Metainformationen zuordnet. Suchanfragen unter Verwendung bekannter Suchfunk-
tionen können je Auszeichnung oder unter Kombination von Auszeichnungen gestellt
werden. Eine Suche z.B. nach dem Zeitschriftentitel „Wirtschaftsinformatik" innerhalb der Auszeichnung „Zeitschrift" hat eine höhere Trefferrelevanz als die Suche im

---

[189] Vgl. Witt [1997, S. 10ff.].
[190] Vgl. Hett [1995, S. 234].
[191] Vgl. Hett [1995, S. 239ff.], Kowalski [1997, S. 26ff.].

Volltext, der den Begriff in einem anderen Kontext enthält.[192] Die Suchpräzision kann genauer erfolgen.[193]

Die Realisierung einer Indexdatei, die Metainformationen der Dokumente enthält, ist üblich.[194] Die Suche erfolgt innerhalb des Indexes, der den Verweis auf den physischen Speicherort des Dokuments enthält. In klassischen DMS existiert häufig aufgrund der unstrukturierten Dokumente eine Volltextindizierung. XML-Dokumente sind strukturiert. Die Indexdaten können daher strukturiert in einer Standard Query Language (SQL[195])-Datenbank gespeichert und in einen logischen Zusammenhang zueinander gebracht werden.[196] Die Aufnahme von strukturellen Metainformationen der Auszeichnungen und Attribute erhöht den Informationsgehalt.[197] Die Suche wird durch diese zusätzlichen Informationsangaben erheblich präzisiert und die manuelle Erstellung eines Indexes kann maschinell unterstützt werden.[198]

Für die Suche in XML-Dokumenten ist ein auf der SQL und XML-basierender Standard XML Query Language (XQL) angedacht. Aufgrund des geringen Entwicklungsgrades wird dieser Standard nicht dargestellt.[199]

4.7.3 Zusammenstellung von Informationen

Die externe Speicherung von Informationseinheiten eines XML-Dokuments kann statisch oder dynamisch erfolgen. Statische Informationseinheiten werden fest referenziert und clientseitig nach Bedarf angefordert (z.B. Anzeige eines Diagramms). Dynamische Informationseinheiten werden anhand bestimmter Merkmale zum Zeitpunkt der Dokumentanforderung, bzw. bei Anforderung durch den Client neu (z.B. mittels einer Suchanfrage (Query) für die erstellten Rechnungen des Kunden X) ermittelt. Statische und dynamische Zusammenstellung der Informationseinheiten kann in XML durch eine Entity-Angabe innerhalb der Dokumente realisiert werden. Dieser Zusammenhang wird in Abb. 4.2 dargestellt.

---

[192] Vgl. O.V. [1999i, S. 20].

[193] Eine Retrievaleffektivität wird durch Recall (R=Zahl der nachgewiesenen relevanten Dokumente/Zahl aller relevanten Dokumente) und Precision (P=Zahl der nachgewiesenen relevanten Dokumenten/Zahl aller nachgewiesenen Dokumente) angegeben. Vgl. Salton [1987, S.174f.].

[194] Vgl. Kowalski [1997, S. 17], Teuber [1996, S. 18].

[195] Eine weit verbreitete Sprache zur Definition und Manipulation relationaler Datenbanken (vgl. Schwill [1993, S. 684]).

[196] Vgl. Schick [1998, S. 57].

[197] Vgl. O.V. [1999f].

[198] Vgl. Smith [1992, S. 37].

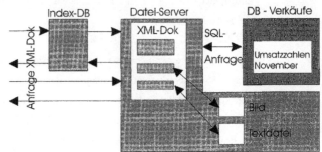

Abb. 4.2: Zusammenstellung eines XML-Dokuments. Quelle: Eigene Darstellung.

Der Wert des Produktionsfaktors Information wird durch seinen Gebrauch erhöht.[200] XML bietet durch Angabe von Entities und Links die Möglichkeit, Informationen mehrfach zu nutzen, und kann damit den Informationswert steigern. Um eine Übersicht über die gespeicherten Informationsobjekte im Ablagesystem zu behalten, ist die Anlage eines Datenkataloges sinnvoll.

4.7.4 Hypermedia

„Hypermedia ist definiert als das semantische Verknüpfen bzw. das maschinengestützte Verfolgen von Verweisen zwischen Informationseinheiten."[201] Die Informationseinheiten werden in sogenannten Knoten modularisiert und in Form eines semantischen Netzes über Kanten miteinander verbunden. Die Ausgangspunkte der Kanten werden als Anker bezeichnet. Der Benutzer kann durch Auswahl (z.B. Anklicken mit der Maus) eine Kante aktivieren und gelangt so zum aufgerufenen Knoten. Die einzelnen Knoten werden dadurch zu einem semantischen Netz verknüpft. Lineare Texte (z.B. Bücher) werden entlinearisiert, da der sequentielle Aufbau durch ein Navigieren in Hypermedia-Dokumenten ersetzt wird.[202] Die Kanten lassen sich durch Richtung, Ausgangspunkte, Ziele oder prozedurale Eigenschaften charakterisieren. Hyperlinks werden unter strukturellen (oben dargestellt), operationalen (nötige Operationen für Erzeugen, Manipulieren und Navigieren) und visuellen Aspekten betrachtet.[203] Von besonderer Bedeutung für DMS sind strukturelle Aspekte, die daher ausschließlich dargestellt werden.

---

[199] Einen ersten Einblick gewährt Deutsch [1999].
[200] Vgl. Brockhaus [1992, S. 39f.].
[201] Vgl. Nüttgens [1993, S. 903]. Hypermedia ist gegenüber Hypertext um Knotentypen multimedialer Systeme wie Bild und Ton erweitert. Vgl. Hansen [1992, S. 852].
[202] Vgl. Meiss [1997, S. 73].

XLL unterstützt hinsichtlich der Richtung uni- und bidirektionale Kanten. Unidirektionale Kanten haben einen Ausgangs- und Endpunkt, während bidirektionale Kanten keine eindeutige Richtung besitzen. Als Ausgangs- und Zielpunkte können in XLL sämtliche XML-Objekte spezifiziert werden, wobei von einem Ausgangspunkt mehrere Kanten zu unterschiedlichen Zielen abgehen können.

Im bisherigen Konzept von HTML werden Verweise direkt zur physischen Adresse eines Dokuments gesetzt. Eine Änderung des Pfads des Zieldokuments verursacht einen hohen Koordinierungsaufwand in den Dokumenten, die darauf verweisen. Durch die Verwendung von zwischengeschalteten, zentral verwalteten Verweisdateien wird eine Vereinfachung möglich. Verweisen z.B. einige Dokumente auf einen BGB-Gesetzestext, so wird in den XML-Dokumenten nur die Verweisdatei angegeben. Die physische Adresse wird dann aus der zwischengeschalteten Datei ausgelesen und verwendet. Dies ermöglicht eine zentrale Verwaltung der Adreßpfade und Links i.S. eines Verweismanagements.[204]

Die Verbindung von assoziierten Dokumenten untereinander verbessert das Information Retrieval für manuelle und automatische Suchprozesse. Manuelle Suchprozesse werden durch Betätigung des Verweises, automatische durch Verfolgen des Verweises durch eine Suchmaschine unterstützt. [205]

4.8 Darstellung und Reproduktion

4.8.1 Überblick

In traditionellen DMS erfolgt die Ausgabe meist visuell auf Sicht- und Projektionsgeräten wie Bildschirmen und Ausgaben auf Drucker, Faxgeräten sowie anderen Geräten.[206] Dabei besteht die generelle Forderung, daß Daten so gespeichert werden sollen, daß sie bezüglich Organisation der Information vorliegen und nicht limitiert durch Beschränkungen einer Anzeigetechnologie.[207]
Die Anzeige sollte hinsichtlich des linearen Sender-Empfänger-Modells der Kommunikation (Sender, Codierung, Kanal, Decodierung, Empfänger) die Decodierung

[203] Vgl. Nüttgens [1993, S. 903f.], Förtsch [1997, S. 32].
[204] Vgl. Bielawski [1997, S. 165f.].
[205] Vgl. Kowalski [1997, S. 90].
[206] Vgl. Gulbins [1999, S. 195], Leventhal [1998, S. 72].

eines Dokuments vereinfachen. Unterschiedliche Anzeigemöglichkeiten eines XML-Dokuments (Kanal) vereinfachen den Decodierprozeß eines Mitarbeiterkreises.[208]

4.8.2 Ausgabe

Durch die zentrale Zuordnung von verschiedenen Formatierungen zu einem Dokumententyp kann je nach Ausgabemedium das Aussehen unterschiedlich gestaltet werden.[209] In Abb. 4.3 wird dieser Zusammenhang verdeutlicht. Die Anzeige von einzelnen Datenobjekten kann ein- bzw. ausgeschaltet werden.[210] Eine XML-Dokumenteninstanz braucht nicht in ihrem logischen Aufbau geändert zu werden, sondern es erfolgt entweder eine Angabe eines anderen Style Sheet oder es wird eine Konstruktionsregel für verschiedene Ausgabemedien in einem Style Sheet erstellt. Die Speicherung des Style Sheets kann extern an einer zentralen Stelle erfolgen. Formatierung und Dokumenteninhalt sind getrennt und lassen sich daher unabhängig voneinander bearbeiten.

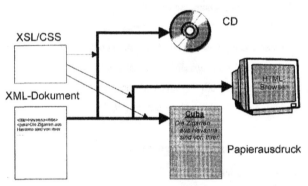

Abb. 4.3: Unterschiedliche Ausgabevarianten eines XML-Dokuments. Quelle: Eigene Darstellung.

Multimediasysteme ermöglichen einen schnelleren Zugang zu qualitativ hochwertigen Informationen und eine bessere und einfachere Informationsverbreitung. Die Verarbeitung von verschiedenen Informationsarten muß gewährleistet sein.[211] XML stellt keine Format-Restriktionen hinsichtlich der Informationsobjekte. Daher können unterschiedliche Informationsarten verarbeitet und Multimediasysteme mit Daten

---

[207] Vgl. Leventhal [1998, S. 70].
[208] Vgl. Witt [1997, S. 9f.].
[209] Vgl. Robie [1999].
[210] Vgl. Dünhölter [1998].

versorgt werden. Dies ist hinsichtlich der Multimedialität von DMS von großer Bedeutung.

4.8.3 Browser

Durch die Existenz der semantischen Auszeichnungen innerhalb der Dokumente lassen sich die Daten zusätzlich für die Anzeige aufbereiten. Es bestehen Möglichkeiten, die Daten zu sortieren und numerische Daten zu berechnen (z.B. Ermittlung einer Gesamtsumme aus verschiedenen Rechnungsbeträgen). Diese Veränderung der Anzeige kann durch den Client erfolgen. Der Server muß diese Rechenleistung nicht erbringen.[212]

Alle weit verbreiteten Browser haben angekündigt, XML zu unterstützen. Microsoft hat einen XML-fähigen Browser, den Internet Explorer 5.0, schon entwickelt. Netscape hat in der Vergangenheit seinen Client für die unterschiedlichsten Plattformen wie Unix, Microsoft NT und Windows 95, Windows 3.1, IBM OS/2, Apple Macintosh angeboten. Die Unterstützung für XML wird für die meisten Betriebssysteme gewährleistet sein. Die Reproduktion von XML-Dokumenten kann daher auch in heterogenen Betriebssystemwelten, wie in unserer Unternehmenswelt vorzufinden sind, erfolgen.[213]

XML kann ausgereiftere Benutzeroberflächen unter Verwendung von CSS oder XSL beschreiben und in einem Browser darstellen. Zusätzlich besteht die Möglichkeit, XML-Dokumente durch Stiltabellen in Dokumente eines anderen Formats umzuwandeln.[214] Die Forderung nach einer effektiven Kommunikation zwischen dem Benutzer und dem rechnergestützten Büroarbeitsplatzsystem wird erfüllt.[215]

[211] Vgl. Hartmann [1997, S. 67].
[212] Vgl. Dünhölter [1998].
[213] Vgl. Turner [1999], o.V. [1999b]
[214] Vgl. Hutchinson [1998, S. 47].
[215] Vgl. Krallmann [1990, S. 551].

5 Durchführbarkeit des Einsatzes von XML für DMS

5.1 Wirtschaftlichkeitsaspekte

Nachfolgend werden für eine Wirtschaftlichkeitsbetrachtung Kosten- und Nutzenaspekte des Einsatzes von XML in DMS beleuchtet. Es wird vom generellen
Nutzwert eines DMS abstrahiert.[216] Eine Quantifizierung wurde nicht vorgenommen,
da hierfür ein konkret spezifiziertes System im praktischen Einsatz betrachtet werden
muß.

Nutzenpotentiale

XML ist für das Internet entwickelt worden und ist daher offen für weltweite Standards wie TCP/IP, HTTP etc. Aufwendige Eigenentwicklungen und damit hohe
Kosten werden vermieden. Internettechnologie ist skalierbar ausgelegt und über LAN
und WAN verfügbar. Der Standard XML ist nicht an eine Betriebssystem-Plattform
gebunden. Heterogene Systemwelten werden hierdurch unterstützt, wodurch Kon-
vertierungskosten reduziert werden.[217]

Standardisierte Anwendungen (z.B. Browser), die für XML entwickelt werden, lassen die Entwicklungs- und Wartungskosten sinken. Proprietäre Clients sind kostenintensiv.[218] Durch die Verwendung von Standardprogrammen werden die Einzelkom-
ponenten des Systems unter Annahme der economies of scale sehr günstig, wenn
nicht sogar kostenlos, wie z.B. Microsoft Internet Explorer, Netscape Navigator
(Clients), Apache (Webserver) sein.[219] Auf der Anwendungsebene kann ein univer-
seller und einfacher Client mit geringen Hardwarevoraussetzungen installiert werden,
der überwiegend kostenlos angeboten wird.[220] Der Client wird aufgrund des niedrigen
Preises und der geltenden Standards für die Unternehmen daher kein Gegenstand von
strategischer Überlegung mehr sein.[221]

Aus der einheitlichen und intuitiven Browseroberfläche, wie sie auch in WWW
vorzufinden ist, resultiert eine flache Lernkurve und eine geringe Komplexität des

---

[216] Nutzenaspekte eines klassischen DMS werden bei Scholz [1997, S. 43f.] dargestellt.
[217] Vgl. Brosda [1995, S. 28].
[218] Vgl. Zlabinger [1997, S. 148].
[219] Die strategische Softwarepolitik von Microsoft und Netscape sehen eine kostenlose Abgabe von Internet-
   Browsern vor.
[220] Vgl. Berndt [1994, S. 28].
[221] Vgl. Niemann [1998, S. 29].

Arbeitsplatzes, was Schulungskosten reduziert.[222] Die Mehrfachnutzung von Informationsobjekten verringert die Dateninkonsistenzen, und die Darstellung von multimedialen Informationsobjekten innerhalb des Browsers hebt technologisch bedingte Medienbrüche auf. XML-Dokumente sind sowohl für eine Mensch-Maschine- wie auch für Maschine-Maschine-Schnittstelle geeignet, da sie für beide Seiten darstellbar bzw. lesbar sind.[223] Die Interoperabilität von Anwendungen wird durch die automatische Weiterverarbeitungsmöglichkeit der strukturierten Dokumente erhöht.[224] Die Kosten für Schnittstellenerstellung gesenkt.

Das Wissen einer Unternehmung ist vielfach in heterogenen Repräsentationsformen vorhanden.[225] Die Trennung von Dokumentenlayout und -inhalt mäßigt die Kosten für Layoutgestaltung durch eine zentrale und einheitliche Gestaltung in XSL oder CSS. Die Strukturierung der Texte erfolgt einheitlich, wodurch sie maschinell verarbeitbar werden. Metainformationen innerhalb der XML-Dokumente erhöhen die Suchpräzision, verringern die Suchzeit und machen das Unternehmenswissen such- und nutzbar.[226]

XML kennt keine Einschränkungen hinsichtlich der elektronischen Speicherung. Einzige Voraussetzung ist eine syntaktische Korrektheit des XML-Dokuments. Es können schnelle Dateisysteme verwendet werden, die im Gegensatz zu den meisten Datenbanken keine Lizenzgebühren kosten.[227] Durch die Integrationsmöglichkeiten von externen Anwendungen ergibt sich ein Ressourcen- und Investitionsschutz bestehender Systeme. Zukünftig ist es ebenfalls denkbar, Daten für Terminalemulationen in XML-Dokumente umzuwandeln und eine Anzeige auf dem Browser zu ermöglichen.[228] Zusammenfassend werden die Vorteile und die Nutzenpotentiale von DMS unter Verwendung von XML und Internettechnologien herausgestellt:

---

[222] Vgl. Stanek [1996, S. 449].
[223] Vgl. Berndt [1994, S. 16].
[224] Vgl. Schraml [1996, S. 67].
[225] Vgl. Zlabinger [1997, S.148].
[226] Vgl. O.V. [1999f].
[227] Vgl. Schätzler [1997, S. 100], o.V. [1999h].
[228] Diese Forderung hinsichtlich eines zukunftsorientierten DMS wurde schon von Bullinger [1992, S. 16] gestellt.

Nutzenpotentiale von XML in DMS			
Infrastruktur	**Einsparungen**	**Effizienzsteigerung**	**Sonstige**
Standardisierung und offende Standards (TCP/IP, HTTP, XML etc.)	Geringere Konvertierungskosten zwischen heterogenen Systemen	flache Lernkurve durch einheitliche Bedienung (Web Browser)	keine Medienbrüche durch universellen Client
Lokale und globale Reichweite	Geringere Entwicklungs- und Wartungskosten durch standardisierte Anwendungen	Reduzierung der Dateninkonsistenzen	Geringere Komplexität des Arbeitsplatzes durch einfache Technologie
Skalierbarkeit über LAN, WAN bis global	Universeller und einfacher Client, dadurch geringe Hardwarevoraussetzungen	Förderung der User-Pull Mentalität	Zukünftig gute Integrationsmöglichkeit von datenorientierten Anwendungen z.B. Terminalemulationen
Plattformunabhängigkeit	Niedrigere Softwarekosten bzw. geringere Lizenzkosten	Erhöhung der Suchpräzision	Leichtere Integration von multimedialen Daten
Ressourcen- und Investtitionsschutz bestehender Systeme	Geringere Schulungskosten durch einheitliche, leicht erlernbare Benutzeroberfläche		Interoperabilität von Anwendungen
Beliebige elektronische Speicherung	Zeitersparnis durch zentrale Layoutgestaltung		Einheitliche Strukturierung von Dokumenten

Tab. 5.1: Nutzenpotentiale XML in DMS. Quelle: Eigene Darstellung.

Kosten

Aufgrund eines fehlenden produktiven Systems als Untersuchungsobjekt werden nur systemimmanente Kostentendenzen aufgezeigt. Die Analyse und Erstellung der benötigten Dokumentenklassen verursacht einen erheblichen Aufwand. Bestehende Dokumentenarten im Unternehmen müssen hinsichtlich ihrer Strukturierbarkeit, Granularitätsgrad und ihrer Dokumentenklassenzuordnung unter Beachtung von Benutzerkreisen untersucht werden. Identifizierte Informationsobjekte werden dann in einem Datenkatalog gesammelt und hinsichtlich ihrer Redundanz untersucht. Nicht zu unterschätzen ist die Migration von Altdokumenten in das neue System. Nur bei einer vollständigen Strukturierung können die Vorteile von XML genutzt werden. Die dezentrale Speicherung und implizite Semantik der Dokumente macht gerade diesen Punkt ressourcenintensiv. Die Integration von bestehenden Anwendungen ist ein weiterer Aspekt, der aufwendige Analysen und Integrationsarbeit erfordert und hohe Kosten verursacht.

5.2 Sicherheitsaspekte

Die Einführung eines DMS bindet erhebliche Informationsmengen in einem DV-System. Die Abhängigkeit der Unternehmung gegenüber diesen Systemen wird erhöht und macht das Design eines Sicherheitskonzeptes nötig.[229] Die Informationssicherheit, bestehend aus Zuverlässigkeit, Verfügbarkeit, Vertraulichkeit und Integrität der Datenverarbeitung, muß gewährleistet sein.[230] Besondere Beachtung bezüglich

---

[229] Vgl. Ritchie [1998, S. 467].
[230] Vgl. Krallmann [1993, S. 699].

der Sicherheit sollten in einem DMS

- der Transport von Dokumenten im System,
- die Erfassung,
- die Einstellung von Indizes in die Datenbank,
- die Anzeige,
- die Reproduktion,
- die Speicherung,
- der Zugriffschutz und eine Benutzerverwaltung

finden.[231]

Es ist nicht möglich, die genannten Sicherheitsanforderungen mit XML durchzuführen. Es können aber Informationsobjekte vorgesehen werden, die für die sichere Verarbeitung durch die Software (Client, Server, Ablagesystem etc.) erforderlich ist. Beispielhaft sind hier Informationen für die Anzeige (evtl. im Zusammenspiel mit XSL), für den Zugriff und die Speicherung zu nennen, die in die DTD integriert und im Dokument angegeben werden. Weiterhin sollte die Nähe zur Internettechnologie beachtet werden, da hier innerhalb eines XML-DMS erprobte Konzepte übernommen werden können. So kann der sichere Transport von XML-Dokumenten im Netzwerk zwischen XML-Server und Client-Technologien wie Secure Socket Layer (SSL), HTTP-Secure und andere Verschlüsselungstechniken adaptieren.[232] Die Möglichkeit mit XML selbstbeschreibende Dokumente durch Headerangaben zu erzeugen, erlaubt die abgesicherte Verteilung von Informationen und eine Offline-Bearbeitung. Sie können daher auch in Offline-Situationen korrekt verarbeitet und geschützt werden und erlauben eine Wiederherstellung des Verwaltungssystems im Störungsfall.[233]

Um eine Sicherheit des DMS zu gewährleisten, sind umfangreiche Analysen des Gesamtsystems und Maßnahmen hinsichtlich Organisation, Hardware und Software durchzuführen. Aufgrund des umfangreichen Themengebiets wird eine Gesamtbetrachtung nicht durchgeführt. Eine sichere Realisation eines XML-DMS ist jedoch aufgrund einsetzbarer bekannter Technologien möglich.

---

[231] Vgl. Kampffmeyer [1997, S. 75].
[232] Für eine detaillierte Darstellung von Sicherheitstechniken für Kommunikation siehe Wilde [1999, S. 116ff.].
[233] Vgl. Kampffmeyer [1997, S. 6].

5.3 Rechtliche Aspekte

Die rechtlichen Restriktionen und Probleme werden hinsichtlich der Problematik bezüglich des Einsatzes von XML behandelt.

Elektronische Signaturen erhöhen die Beweisfähigkeit von Dokumenten. Aufgrund der möglichen verteilten Speicherung ist der Nachweis der Unveränderlichkeit des XML-Dokuments schwierig zu führen. Es existieren zwar Vorschläge, digitale Signaturen in XML-Dokumenten und seinen externen Ressourcen zu ermöglichen,[234] ein Einsatz ist aber erst mittelfristig denkbar. Der Einsatz in einem XML-DMS ist aufgrund des hohen Aufwands für eine Zertifizierung für jedes einzelne Dokument nicht gerechtfertigt.[235]

Das Urheberrecht hat Auswirkungen auf die verwendbaren Inhalte von XML-Dokumenten. Das Ziel bei der Verwendung von XML sollte sein, Dokumentenobjekte mehrfach zu verwenden. Bei urheberrechtlich geschützten Beiträgen (z.B. aus Zeitungen und Zeitschriften) muß eine Zustimmung des Rechtsinhabers erfolgen. Eine Prüfung des Urheberrechts insbesondere bei unternehmensfremden Werken ist daher durchzuführen. Das Setzen von Links hat die Konsequenz, daß man sich den Inhalt der Zielangabe zu eigen macht. Die Möglichkeit der Integration des Zielobjekte in das aufrufende Dokument ist dagegen eine klare Urheberrechtsverletzung. Dieses erhält besondere Bedeutung, wenn ein Link auf eine unternehmensexterne Quelle verweist. Solche Fälle sind bei einer Erweiterung zu öffentlichen Netzen, insbesondere dem Internet, zu bedenken.[236]

Das HGB und die AO verlangen für empfangene Handelsbriefe und Buchungsunterlagen bei einer elektronischen Speicherung eine bildliche Übereinstimmung mit dem Original bei der Reproduktion. Die Speicherung erfolgt als Bild bzw. NCI-Objekt. Die Integration in ein XML-Dokument und spätere Reproduktion ist möglich. Darüber hinaus kann die DTD Angaben vorsehen, die das Wiederauffinden des Dokuments und den Geschäftsprozeß unterstützen. Der Einsatz von XML ist aufgrund seiner Verarbeitungsmöglichkeiten von fremden Formaten als unproblematisch zu

---

[234] Vgl. Maruyama [1998].
[235] Vgl. Kampffmeyer [1997, S. 17]. Laut Auffassung von Grell [1995, S. 36] ist in öffentlichen Verwaltungen für automatisierte schriftliche Verwaltungsakte keine Unterschrift nötig.
[236] Vgl. Stepanow [1997].

beurteilen. Der zusätzliche Nutzen aus Information Retrieval und Wiederverwend-
barkeit, der aus der Granularität der Einzelobjekte resultiert, kann allerdings nicht
ausgeschöpft werden.

Bei Nutzung der Möglichkeit von externen Entities in XML-Dokumenten ergeben
sich Probleme bei der Wiederherstellung von ausgehenden Geschäftsbriefen oder
internen Mitteilungen.[237] Die geforderte inhaltliche Übereinstimmung mit der Urform
kann durch Änderung einzelner Teile des Dokuments möglicherweise nicht erreicht
werden. Denkbare Lösungen sind eine inhaltliche Speicherung bei Erstellung des
Dokuments in komprimierter Form, verbunden mit einer zusätzlichen Archivierung
oder, bei Existenz eines Versionsmanagements, eine Protokollierung der verwendeten Dokumentenobjekte und deren Versionsnummern. Anhand des Protokolls lassen
sich dann die alten Versionen der Dokumentobjekte wiederfinden und lesbar machen.
Die zweite Lösung ist der ersteren aufgrund der Datenintegrität vorzuziehen.

Die gesetzlich erforderliche Verfahrensdokumentation sollte eine Beschreibung und
Auflistung der Dokumentenklassen und der zugehörigen DTD beinhalten, da sie ein
wesentlicher Teil des XML-DMS sind.

5.4 Sonstige Durchführbarkeitsaspekte

Eine Prüfung des Einsatzes von XML in DMS erfolgt weiterhin in technischer, funk-
tioneller, organisatorischer, sozialer, personeller und finanzieller Hinsicht.[238] Technologisch und funktionell ist der Einsatz als unkritisch zu beurteilen, da DMS auf der
Basis von SGML seit Jahren existieren. Einführung und Anwendung einer neuen
Informationstechnologie führen häufig zu Problemen, die sich in Gruppen zusammenfassen lassen:[239]

- *Organisatorische Probleme* durch
  fehlende, unvollständige, oder überflüssige organisatorische Probleme,
- *Personelle Probleme* durch
  fehlende Kenntnisse bei den Anwendern, Akzeptanzprobleme,
- *Finanzielle Probleme* durch
  fehlende finanzielle Mittel,

---

[237] Vgl. O.V. [1996, S. 61].
[238] Vgl. Schwarze [1997, S. 234].
[239] Vgl. Pfeiffer [1990, S. 106ff.].

- *Betriebsindividuelle Probleme* durch

  kein Vertrauen in Hard- und Softwareanbieter, Genehmigungsprobleme
  des Betriebsrates.

Eine genauere Durchführbarkeitsuntersuchung in Hinsicht auf die anderen genannten Aspekte erfordert einen konkreten Anwendungsfall. Eine Konkretisierung der Durchführbarkeitsuntersuchung kann daher nicht vorgenommen werden.

6 Praktisches Anwendungsbeispiel in einem innerbetrieblichen Informationssystem

6.1 Ist-Analyse

6.1.1 Überblick und Ziele des Informationssystems

Es erfolgt eine Untersuchung des bestehenden Rundschreiben- und Arbeitsanweisungssystems in einer deutschen Bank.[240] Nicht untersucht wird der tatsächliche Informationsbedarf der Anwender. Untersuchungsobjekt der Ist-Analyse ist ein Informationssystem für betriebsinterne Rundschreiben und Arbeitsanweisungen[241]. Es besteht aus einem Online- und einem Offlinebereich. Es wurde von der Bank intern entwickelt und ist dort produktiv tätig. Der Online-Bereich wird mit dem Namen Haussystem (HS) tituliert. Er stellt Informationen, die für einen breiten Anwenderkreis von Interesse sind, zentral und online zur Verfügung. Ziel dieses Systems ist die Abschaffung von papiergebundenen Informationen. Als Nachteile von Papier sind v.a. die hohen Druckkosten, Inaktualität,[242] geringere Archivierungs- und Verwaltungskosten im Empfänger und Erzeugerkreis zu nennen. Innerhalb des Offline-Bereichs, nachfolgend als Klassisches Rundschreibensystem (KRS) bezeichnet, werden Rundschreiben auf Papier erzeugt und verteilt.

6.1.2 Informationsobjekte des Informationssystems

Das HS System ist in verschiedene Rubriken gegliedert, um eine leichtere Übersicht zu ermöglichen.

- *Bank* (z.B. Unternehmensleitbild, Geschäftsberichte, Veranstaltungen usw.),
- *Fachbereichsinformation* (z.B. Informationen über bankfachliche Themen, Informationen der Fachbereiche),
- *Mitarbeiter-Infoservice* (z.B. Speisepläne, Telefonverzeichnis),
- *Projekte informieren* (Aktuelle Arbeitsergebnisse und Informationen einzelner Projekte, Übersicht Projektorganisation, z.B. Projektübersicht und Lenkungsausschüsse, spezifische Darstellung von Projekten),
- *Handbücher/Verzeichnisse* (Verbindliche Handbücher, Leifäden, Kataloge und Verzeichnisse für Arbeitsorganisation und Systembenutzung),

---

[240] Aus Gründen der Geheimhaltung werden Namen und Bezeichnungen, die Rückschlüsse auf den Urheber zulassen, vermieden. Der wissenschaftliche Inhalt bleibt davon unberührt.

[241] Die nachfolgenden Ausführungen basieren auf Gesprächsprotokolle [1999, 01-07].

[242] Neue Versionen von Dokumenten müssen erst durch Druck aktualisiert werden. Dieser Zeitverzug bedingt

- *Interne Rundschreiben/Publikationen* (themenunabhängige Archivierung zentraler Rundschreiben, z.B. Hausmitteilungen),

Die hausinterne Zeitung wird nicht elektronisch offeriert, da laut Aussage der betreffenden Fachabteilung das primäre Ausgabemedium Papier ist und die digitale Form einen Medienbruch darstellen würde. Bei Infogramm handelt es sich um Dokumente zu tagesaktuellen Zeitungsartikeln. Die Zeitungsartikel werden aus Gründen des Urheberrechts zusammengefaßt und abgeschrieben. Es besteht eine Verpflichtung, das Organisationshandbuch (OHB) allen zur Verfügung zu stellen. Innerhalb der Bank erfolgt dieses online, während für Auslandsniederlassungen eine Compact Disc (CD) hergestellt wird. Die Informationsobjekte des KRS sind zumeist textuelle Informationen für Arbeitsanweisungen, Bearbeitungshinweise oder Informationen allgemeiner Art. Sie werden offline erstellt, da sie einem begrenzten Personenkreis zur Verfügung gestellt werden sollen oder der Autor die papiergebundene Verteilung vorzieht.

6.1.3 Informationssender und -empfänger

Informationssender

Die Zuordnung der Verantwortlichkeit für die Erstellung von Rundschreiben zu einer Person oder einem Personenkreis erfolgt nicht. Grundsätzlich kann jeder Rundschreiben erstellen und anderen zugänglich machen. Üblicherweise erfolgt jedoch eine Qualitätssicherung durch einen Vorgesetzten oder einen weiteren Mitarbeiter. Ereignisse der Erstellung von Informationen sind vielfältiger Natur und nicht an einen Zeitplan gebunden. Die einzigen Informationsobjekte, die täglich und wiederkehrend erstellt werden, ist das Infogramm.

Informationssystem - HS

Die elektronische Erfassung der weiterzugebenden Informationen erfolgt in den Fachabteilungen durch die Mitarbeiter mittels eines Textverarbeitungssystems bzw. durch beauftragte externe Unternehmen mit dem jeweiligen Anwendungssystem. Die erstellten Informationsdateien werden dann an eine zentrale Abteilung weitergegeben, wenn die Fachabteilungen es für nötig erachten, die Daten zentral und allgemein zugreifbar zu machen.

Inaktualitäten.

Informationssystem - KRS

Informationen für einen beschränkten Anwenderkreis werden mit einem Formular in Lotus AmiPro (PC-Textverarbeitungsprogramm) erstellt, in der Hausdruckerei oder lokal gedruckt und verteilt. Es existieren keine Richtlinien, ab welcher Anwenderkreisgröße eine zentrale Erfassung über das Haussystem vorliegen soll. Die Rundschreiben werden fortlaufend je herausgebender Abteilung numeriert, z.B. „Abteilung X, Nr. 06/99".

Informationsempfänger

Auf die Informationen des Haussystems kann grundsätzlich jeder elektronisch zugreifen, der einen Anschluß an das Hausnetz der Bank und Zugriff auf den Datei-Server sowie einen Adobe Acrobat-Reader der Version 2.1 oder höher besitzt. Es besteht keine Zugriffsbeschränkung i.S. einer Rechteverwaltung für Benutzergruppen.

Distribution

Die Verteilung papiergebundener Rundschreiben erfolgt durch Verteilerschlüssel. Das Rundschreiben wird an die Hausdruckerei gegeben, vervielfältigt und an den Personenkreis weitergeleitet. Folgende Verteilerschlüssel werden unterschieden:

Verteilungsschlüssel für Rundschreiben	
Verteilungsschlüssel	**Erläuterung**
„An alle Mitarbeiter"	alle Mitarbeiter im lokal tätigen Unternehmen
„Alle Führungskräfte in der BRD"	
„F1, F2, F3, F4"	Führungskräfte der Ebenen 1 bis 4
„Hausmitteilung"	Alle Mitarbeiter der Bank,
Auslanddepandancen (Innenleitung)	
Vorstand	

Tab. 6.1: Verteilungsschlüssel der Rundschreiben. Quelle: Eigene Darstellung.

Die Auswahl des Personenkreises wird von der erstellenden Abteilung frei bestimmt. Feste Richtlinien, welche Art der Informationen welchem Empfängerkreis zugänglich gemacht werden muß, bestehen nicht. Das System ist allen Mitarbeitern der Bank online im Bundesgebiet und offline mit monatlicher Aktualisierung im Ausland zugänglich.

6.1.4 Technik

Papiergebundene Rundschreiben werden mit einem AmiPro-Formular geschrieben, gedruckt und über die Hauspost verteilt. Die elektronische Datei wird lokal in der Fachabteilung oder auf einem File-Server gespeichert. Die verteilten Seiten werden in den Fachabteilungen in klassischen Aktenordnern archiviert.

Das Haussystem arbeitet mit Dateiformat PDF. Dieses ist das proprietäre Format der Firma Adobe. Adobe stellt für das Lesen und Drucken dieser Dateien einen sog. Viewer zur Verfügung. Dieses Programm existiert für alle gängigen Betriebssysteme. Die Dateien sind daher auch in heterogenen Systemen lesbar und verwendbar. Die Erzeugung von PDF-Dateien kann aus beliebigen Anwendungsprogrammen erfolgen, indem eine Druckdatei mittels eines PDF-Druckertreibers erstellt, eine PostScript- oder eine andere Datei in PDF konvertiert wird.[243] Die Datei ist dann für den Acrobat Reader lesbar und intern komprimiert, wodurch sich ein geringes Speichervolumen ergibt. Die Dokumente innerhalb des Informationssystems stammen von 46 unterschiedlichen Anwendungsprogrammen. Durch die Verwendung von PDF sind diese einheitlich durch den Acrobat Reader lesbar.

Die Dateien werden auf einem allgemein zugänglichen File-Server gespeichert. Auf diesen können maximal 600 Benutzer gleichzeitig zugreifen. Innerhalb des Systems sind ca. 20.000 Seiten gespeichert. Die Gesamtspeichergröße beträgt ca. 490 MB. Jeden Monat wird eine Sicherung aller Dateien auf einer einmal beschreibbaren CD vorgenommen. Es erfolgt hiermit eine revisionsichere Archivierung der Daten, da diese dann nicht mehr veränderlich sind. Die Speicherung der Daten läßt sich von der Erstellungs- und der Nutzerseite betrachten. Die Erstellungsseite speichert Dateien der verwendeten Anwendungsprogramme unkontrolliert und verteilt im Netz, lokal oder außerhalb und eine PDF-Version für das HS, die auf einem zentralen Dateiserver gespeichert wird. Ein Rundschreiben für das KRS erzeugt ebenfalls eine AmiPro-Datei, die dezentral durch die Redakteure abgelegt wird. Auf der Nutzerseite erfolgt eine Archivierung der Informationen des KRS in Aktenordnern dezentral beim Sachbearbeiter. Teilweise werden Seiten aus dem HS auf Papier von den Sachbearbeitern ausgedruckt und ebenfalls archiviert. Eine Volltextsuche mit Indexerstellung über

---

[243] Vgl. Gulbins [1999, S. 241].

alle PDF-Dokumente ist möglich. Die Suche ist mit nachfolgend aufgelisteten Metainformationen präzisierbar:

Vom Autor vergebene Metainformationen:
Titel,
Thema,
Verfasser,
Stichwörter.
Vom System vergebene Metainformationen:
Erstellt mit,
erzeugt mit,
erstellt am,
geändert am,
optimiert,
Dateigröße.

Adobe Exchange kann folgende Datei-Zugriffsbeschränkungen vergeben:

- Lesen oder Schreiben-Modus,

- Gültigkeit, nach Ablauf kein öffentlicher Zugriff mehr möglich,

- Paßwortschutz,

- keine Benutzerrechte.

Das Setzen von Hyperlinks ist grundsätzlich möglich. Die Links wirken jedoch nur
unidirektional und auf einen Punkt. Die Linkverweise werden manuell gesetzt und
können auf einen Ansprungpunkt innerhalb der Datei oder auf eine externe Datei
verweisen. Zusätzlich wird anhand der Gliederung des Dokuments ein Gliederungs-
baum erstellt, der in der linken Bildschirmhälfte dargestellt wird. Die Dokumente
können daher nicht-linear bearbeitet werden. Es ist nicht möglich, die Gültigkeit der
Links zu überprüfen.

6.2 Schwachstellenanalyse

6.2.1 Funktionale und technische Aspekte

Es lassen sich verschiedene Nachteile des bisherigen Systems herausstellen.[244] Es
besteht keine Zugriffsbeschränkung bzw. Benutzerverwaltung mit Empfängerkreisen
für das System. Informationen kann im Prinzip jeder ohne Qualitätsprüfung erstellen.
Der Zugriff von Mitarbeitern der Auslandstöchter erfolgt nur offline. Eine aktuelle
Informationsversorgung ist für diesen Kreis nicht möglich. Die Informationssuche
gestaltet sich durch eine unpräzise Volltextrecherche als schwierig. Metainformationen sind nur für das gesamte Dokument vorhanden und nicht für Dokumenteninhalte.

Die Informationsversorgung ist nicht als bedarfsorientiert zu bezeichnen, da keine Vorselektion der Informationen für den Benutzer möglich ist. Dadurch wird der Eindruck der Unüberschaubarkeit des Systems erhöht.

Entscheidende Nachteile sind in der Verwendung von PDF als Dateiformat begründet. Textfragmente können nicht an definierbare Benutzergruppe weitergegeben werden,[245] da PDF-Dateien nur bedingt eine automatisierte Nachbereitung und Extraktion von Text durch z.B. Online Analytical Processing (OLAP) zulassen.[246] Es besteht keine zentrale Layoutverwaltung, wodurch gewünschte Änderungen an jedem Dokument einzeln durchgeführt werden müssen. Die Dateneinstellung ist nur manuell möglich und kann nicht automatisiert werden. Die Erstellung einer PDF-Datei ist bei jeder Inhaltsänderung erforderlich, wobei keine Versionsverwaltung der Dateien besteht. Weiterhin ist die parallele Existenz von Papier und elektronischen Dokumenten im PDF-Format oder als Lotus Notes Nachrichten als nachteilig zu beurteilen, da eine Inkompatibilität der Medien vorliegt.

Das PDF-Format ist seitenorientiert ohne Variabilität für alternative Ausgabemedien und orientiert sich an einer katalogartigen Darstellung. Die Dokumente beinhalten Formatierungen und den Inhalt, wodurch eine maschinelle Zuordnung von Dokumenten zu z.B. Datenbanken nicht möglich ist. Dateiaktualisierungen können nur erfolgen, wenn keiner auf diese Datei zugreift. Die Links verweisen nur in eine Richtung und sind nicht multidirektional. Weiterhin erfolgt die Linkverwaltung dezentral. Links ohne Zieldokument oder falsche Links unterliegen keiner zentralen Kontrolle. Dies erhöht den Kontrollaufwand. Z.B. ist das physische Verschieben von Dateien mit einem enormen Änderungsaufwand verbunden. Alle Pfadangaben innerhalb der Links der Dokumente, die auf die verschobenen Dateien verweisen, müssen manuell geändert werden. Die Speicherung erfolgt auf einem Dateiserver. Die Aktualisierung von Daten ist daher nur bei keinem Zugriff eines Anwenders möglich.

6.2.2 Kostenaspekte

Eine exakte Darstellung der Kostenaspekte des bisherigen Systems ist aufgrund einer

---

[244] Die Angaben beruhen auf Eigenanalysen und Gesprächsprotokolle [1999, 01-06].
[245] Vgl. Frank [1991, S. 123].
[246] Vgl. Schätzler [1997, S. 79].

fehlenden Datenbasis nicht realisierbar.[247] Als Ursache lassen sich die Komplexität der Systeme, Investitionssprünge in der Infrastruktur, Langfristigkeit der Investitionen und eine Entscheidung unter Unsicherheit vermuten.[248] Zukünftig ist die Einführung eines effektiven Informationstechnologie-Controlling zu empfehlen. Die Entstehung von realitätsfremden Schätzungen oder die Neigung strategische Projekte auszurufen, die nur einer geringen Wirtschaftlichkeitsuntersuchung unterliegen, kann hiermit vermieden werden. Eine quantifizierte Darstellung der Kosten des betrachteten Informationssystems sollte z.B.

- Erstellungskosten der Rundschreiben,
- Ablage- und Archivierungskosten,
- Kosten des Information Retrieval,
- anteilige Infrastrukturkosten,

gegliedert nach laufenden und Einmalkosten, berücksichtigen.

6.3 Funktionale Systemanforderungen des Sollmodells

6.3.1 Grobdefinition eines Sollmodells

Das Sollmodell sollte ein webbasiertes und XML-fähiges Informationssystem mit einer einheitlichen Oberfläche für alle darzustellenden Informationen sein. Die erste Ausbaustufe sieht die Verarbeitung der standardisierten Rundschreiben auf XML-Basis vor. Nicht-standardisierte Dokumente[249] werden wie bisher in PDF konvertiert, in XML-Dokumente integriert und durch Plug-Ins[250] des Browsers darstellbar gemacht.

Innerhalb des Systems wird eine Benutzer- und Zugriffsverwaltung integriert. Es wird eine Unterscheidung in interne (Bank und 100%ige Töchter) und externe Benutzerkreise vorgenommen. Eine genauere Einteilung ist noch vorzunehmen. Die Logins werden protokolliert und können für eine Zugriffsstatistik ausgewertet werden. Die Möglichkeit der Skalierbarkeit ist vorzusehen. In das System ist eine Suchmaschine zu integrieren, die die Fähigkeit besitzt, HTML, PDF und XML Daten zu durchsuchen und die Treffer einer Suchanfrage anzuzeigen. Die Datenbankanbindung

---

[247] Vgl. Gesprächsprotokolle [1999, 04]
[248] Vgl. Schmidt [1994, S. 164]
[249] Z.B. Werbebroschüren von Werbeagenturen, Geschäftsberichte.
[250] Ein Plug-In ist eine Programm, das Browsersoftware erweitert. Z.B. kann die Anzeige von PDF-Dateien im Browserfenster ermöglicht werden. Sie lassen sich über das Netz von einer zentralen Stelle herunterladen.

an bestehende Datenbanken sollte nachträglich leicht möglich sein, um vorhandene Daten zu nutzen. Z.B. kann eine bestehende Host-Datenbank der Bank mit Informationen zur Aufbauorganisation in das Web integriert werden. Die Daten sind revisionssicher zu archivieren.

6.3.2 Prozeßmodell

Die Prozesse des Informationssystems werden nachfolgend anhand der Strukturierten Analyse (SA) auf der Ebene des Kontextdiagrammes und einer Ereignisliste dargestellt.[251] Jedes Ereignis wird durch Auslöser, die zu erfolgende Reaktion des Informationssystems und der Art des Ereignisses näher spezifiziert.

Liste der Ereignisse:

1.	Ereignis	*Erstellung eines Rundschreiben*
	Auslöser	Mitarbeiter sollen informiert werden.
	Reaktion	Das Rundschreiben wird als XML-Datei gespeichert.
	Art	Ereignis eines externen Partners-Redakteur
2.	Ereignis	*Erstellung eines XML-Dokuments für PDF-Datei*
	Auslöser	Eine PDF-Datei eines Anwendungsprogramms wurde erzeugt.
	Reaktion	Die Datei wird als Objekt in einer XML-Datei abgelegt.
	Art	Ereignis eines externen Partners-Redakteur
3.	Ereignis	*Abfrage von Informationen*
	Auslöser	Ein Benutzer sucht Informationen.
	Reaktion	Anhand der Suchkriterien werden die zutreffenden Dateien herausgesucht und dem Informationssucher geliefert.
	Art	Ereignis eines externen Partners-Benutzer

---

[251] Vgl. Yourdon [1989, S. 337ff.], McMenamin [1988, S. 63ff.].

4.	Ereignis	*Administrator stellt Benutzer- oder Zugriffsberechtigungen ein*
	Auslöser	Mitarbeiter erhält neue oder geänderte Benutzer- oder Zugriffsberechtigungen.
	Reaktion	Die neuen Rechte werden gespeichert.
	Art	Ereignis eines externen Partners-Administrator
5.	Ereignis	*Erstellung neuer Dokumentenklasse*
	Auslöser	Benutzer haben neuen Informationsbedarf, der mit dem Medium Dokument befriedigt werden soll.
	Reaktion	Neue DTD wird gespeichert, administriert und Dokumente werden Benutzern zugänglich gemacht
	Art	Ereignis eines externen Partners-Administrator
6.	Ereignis	*Monatliche Archivierung (zeitliches Ereignis)*
	Auslöser	Die revisionssichere Archivierung soll durchgeführt werden.
	Reaktion	Sicherung aller Dateien auf CD.
	Art	Zeitliches Ereignis

Tab. 6.2: Ereignisse des Informationssystems. Quelle: Eigene Darstellung.

Die in der Tab. 6.2 dargestellten Ereignisse werden in einem Kontextdiagramm dargestellt, wobei zeitliche Ereignisse nicht aufgenommen werden. Ereignisse externer Partner sind Pfeile, die auf das Informationssystem verweisen.

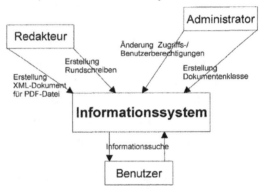

Abb. 6.1: Strukturierte Analyse des Informationssystems auf Ebene des Kontextdiagramms. Quelle: Eigene Darstellung.

Das Ereignis „Abfrage nach Informationen" hat als einziges Ereignis einen Datenstrom in beide Richtungen, da die Suchanfrage gestellt und das zu suchende Dokument zurückgegeben wird. Innerhalb einer SA wird die Zusammensetzung der Datenströme in einem Datenkatalog dargestellt. Da diese innerhalb des Modells noch nicht abschließend geklärt werden können, werden sie nicht aufgezeigt.

6.4 Nichtfunktionale Systemanforderungen des Sollmodells

Technische Systemumgebung

Ein neu einzuführendes System ist in die bestehende Hardware- und Softwareland-schaft einzupassen. Zu unterscheiden ist zwischen der technischen Systemumgebung für Middleware/Ablagesystem, Netz und Client. Ein neu einzuführendes System muß mit den vorhandenen Software- und Hardwarekomponenten funktionsfähig sein. Einen Überblick der zu nutzenden Komponenten gibt nachfolgende Tabelle:

Bereich	Systemkomponente	Einsatz von
Ablagesystem	Datei-Server	beliebig
Middleware	Hardware-Plattform	Sun Enterprise
	Betriebssystem	Sun Solaris - Unix
Client	Hardware	IBM kompatible PC
	Betriebssystem	IBM OS/2 Warp Microsoft NT 4.0
	Browser für HTML-3.2	Netscape: Navigator NT - 4.0 Navigator OS/2 - 2.03
Netz	Zugriffsverfahren	Ethernet
	Kommunikationsprotokoll	TCP/IP

Tab. 6.3: Bestehende Soft- und Hardwarelandschaft. Quelle: Eigene Darstellung.

Leistungs- und Technologieanforderungen

Das System wird in einer Anfangsphase für 3000 Benutzer ausgelegt, wobei ca. 1200 Zugriffe pro Tag zu erwarten sind. Auf den Inhalt können mehrere Benutzer simultan zugreifen. Eine Skalierbarkeit des Gesamtsystems muß gewährleistet sein. Die Ak-tualisierung der Inhalte des Informationssystems muß während des laufenden Be-triebs erfolgen können. Die ausgewählte Software und Hardware muß in die techni-sche Systemumgebung integrierbar sein. Um eine gesicherte Übertragung zu ge-währleisten, erfolgt die Übertragung zwischen Client und Server mit einem sicheren Verschlüsselungsverfahren wie z.B. SSL.

6.5 Dokumentenarchitektur

Der Vorgang der Festlegung der Dokumentenarchitektur gliedert sich in die Phasen Festlegung der Dokumententypen, Festlegung der logischen Struktur, Bestimmung der Elementtypen, Festlegung der zulässigen Funktionen auf Dokument- bzw. Ele-menttypen, Definition der DTD und Layout-Struktur.[252]

---

[252] Vgl. Schmidt [1995, S. 211ff.].

Dokumententyp

Die Festlegung des Dokumententyps erfolgt anhand charakteristischer Unterscheidungsmerkmale. Innerhalb des Informationssystems wird nur ein Dokumententyp „Informationsdokument" benötigt, da alle Informationsobjekte strukturiert in einem Dokument aufgenommen werden können und dem gleichen Dokumentenzweck - der innerbetrieblichen Informationsversorgung - dienen. Eine spätere Ausdifferenzierung kann angedacht werden.

Logische Dokumentenstruktur

Die logische Dokumentenstruktur läßt sich in die Elemente Dokumentenkopf, Dokumentenkörper und Dokumentenschluß gliedern. Die Struktur der Dokumentenelemente unterscheidet sich hinsichtlich ihrer Flexibilität. Der Dokumentenkopf und schluß besitzen einen starren Aufbau (feste Elemente, Reihenfolge und Inhalte), während der Dokumentenkörper relativ flexibel ist. Der Dokumentenkopf beschreibt Merkmale, die in anderen Dokumententypen ebenfalls auftreten und beschreibt somit den Dokumentengrundtyp.[253]

Bestimmung der Elementtypen

Der Dokumentenkopf beinhaltet relevante Angaben über die Verarbeitung, die Verteilung und den physischen Ablageort. Er teilt sich innerhalb des Informationsdokuments in allgemeine Dokumenteninformation „dokprofil" und „dokinfo". „dokprofil" beinhaltet Metainformationen über das Dokument. „dokinfo" ist Bestandteil des Dokuments, wird aber auch für die Verarbeitung verwendet. Der „textkorper" beinhaltet den eigentlichen Dokumenteninhalt mit Titel, Bildern, PDF-Dokumenten und Absätzen. Eine Übersicht des hierarchischen Aufbaus des Dokumententyps „informationsdokument" stellt nachfolgende Grafik dar.

---

[253] Vgl. Schmidt [1995, S. 212].

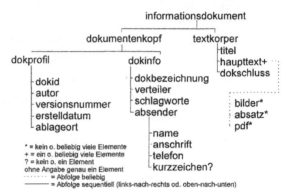

Abb. 6.2: Hierarchie des Informationsdokuments. Quelle: Eigene Darstellung.

Festlegung der zulässigen Funktionen auf Dokument- bzw. Elementtypen

Die Unternehmensphilosophie beinhaltet eine offene Kommunikationsstruktur, der in der Zugriffsverwaltung Ausdruck verliehen werden soll. Das Informationssystem unterscheidet daher nur die Arbeitsplatztypen Führungskraft, Mitarbeiter, Externer Mitarbeiter, Redakteur und Administrator.[254] Diesen werden unterschiedliche Bearbeitungsfunktionen unter Angabe der Prozesse und Restriktionen für die Dokument- und Elementtypen im Sinne einer Zugriffsrechteverwaltung zugeordnet. Ergänzt werden diese Angaben um den Inhalt, Verwendung und Zweck des Dokuments.[255]

Gestaltung der DTD

Die analysierte logische Struktur wird in einer DTD abgebildet. Grundlegende Gestaltungsziele sind schnelles Erlernen, Einfachheit der Benutzung und Einfachheit der Verarbeitung. Parameter des schnellen Erlernens der DTD durch den Autor sind die Anzahl, logische Abfolge der Elemente und Intuität, resultierend aus den Erfahrungen der Autoren.[256] Die Einfachheit der Benutzung ist abhängig von der Anzahl der zu setzenden Auszeichnungen, die Anzahl und Komplexität der Auszeichnungswahl und der Flexibilität des Autors, unterschiedliche und nicht vorgesehene Informationen auszuzeichnen.[257] Die Einfachheit der Verarbeitung als Gestaltungsziel wird beeinflußt durch Vorhersehbarkeit (Anzahl Rekursionen, Modifikationen des Autors, Anzahl von Unterdokumenten etc.) und den Kontext der Inhalte und der

---

[254] Vgl. Gesprächsprotokolle [1999, 03].

[255] Vgl. Schmidt [1995, S. 216]. Ein detailliertes Beispiel findet sich im Anhang.

[256] Vgl. Megginson [1998, S. 87f.].

[257] Vgl. Megginson [1998, S. 119f.].

Attribute.[258] Eine DTD stellt hinsichtlich der z.T. konträren Gestaltungsziele einen Kompromiß dar. Die DTD „Informationsdokument" legt die hierarchische Struktur des Dokuments zugrunde und erlaubt eine Teilung in mehrere Sub-DTD, die als Module auch für andere DTD verwendbar sind.[259]

Definition der Layout-Struktur

Für Erstellung und Design von Formularen und Dokumentenlayout ist die Abteilung „Vorstand Kommunikation" zuständig.[260] Diese konnte aufgrund der konzeptuellen Betrachtungsweise nicht mit einbezogen werden. Die Layout-Struktur wird daher nicht betrachtet.

6.6 Konzept der Systemarchitektur

Die Systemarchitektur basiert auf der Three-Tier-Architektur bestehend aus Ablagesystem, Middleware und Client. Das Ablagesystem besteht aus einem Dateiserver, der die zu speichernden XSL- und XML-Dateien aufnimmt.

Als Middleware fungiert ein HTTP-Server mit angegliederter Suchmaschine, DMS-Logik und XML/HTML-Konverter. Der HTTP-Server verwendet die SSL-Technologie für eine sichere Kommunikation mit den Clients. Die ein- und ausgehenden XML-Dokumente werden jeweils unter Verwendung von XSL/CSS-Style Sheets[261] konvertiert, um eine unternehmensweite Kompatibilität zu den vorhandenen HTML-3.2-fähigen Browsern zu ermöglichen. Hieran schließt sich ein Programm für die DMS-Logik an, das die Benutzer- und Zugriffsverwaltung, Check-In/Out-Prozesse, Versions- und Dokumentenklassenverwaltung steuert. Die Benutzer- und Zugriffsverwaltung macht ein Anmelden an der Arbeitsstation bzw. den Client und ebenfalls bei Zugriff auf das DMS nötig. Diese Doppelvergabe von Paßwörtern und Benutzernamen kann durch einen Directory-Server, der das Lightweight Directory Access Protocol (LDAP) verwendet, vermieden werden.[262] Innerhalb der Bank besitzen Subjekte mehrere Benutzernamen und Paßwörter für die unterschiedlichsten Systeme (z.B. für Lotus Notes, Mainframe). Eine Vereinheitlichung ist erstrebens-

[258] Vgl. Megginson [1998, S. 163ff.].
[259] Die DTD "Informationsdokument" wird in einer verteilt organisierten Version im Anhang dargestellt. Exemplarisch wurde eine zugehörige Dokumenteninstanz angefertigt.
[260] Vgl. Gesprächsprotokolle [1999, 03].
[261] In Abb. 6.3 wird dieses durch einen gesonderten Kasten dargestellt. Die Verwaltung der Style Sheets erfolgt aber mittels DMS-Logik und die Speicherung auf dem Dateiserver.
[262] Vgl. Schätzler [1997, S. 300f.].

wert[263], erfordert aber noch weitergehende Untersuchungen. Das zuständige Betriebssystem ist Sun Solaris auf der Hardwareplattform Sun Enterprise.

Der Datentransport erfolgt über ein Ethernet-LAN mit TCP/IP als Kommunikationsprotokoll. Brücken ermöglichen den Zugriff von externen Partnern, z.B. Auslandsvertretungen, und verbinden die Netze, die ein gleiches Protokoll aufweisen müssen.[264] Es handelt sich hierbei um ein Intranet mit angeschlossenem Extranet (z.B. Auslandvertretungen) ohne Anbindung an ein öffentliches Netz. Eine TCP/IP-Infrastruktur besteht und wird als sicher eingeschätzt. Auf den Einsatz einer Firewall[265] wird daher verzichtet. Zusätzliche Sicherheitsvorkehrungen sind für interne Kommunikationsverbindungen vorzusehen. Einsatz findet SSL, das mit seinen Haupteigenschaften[266]

- geheime Verbindung durch Verschlüsselung,
- optionale Authentifizierung der Verbindungspartner durch asymetrische Verschlüsselung (z.B. public key-Verfahren),
- Zuverlässigkeit der Verbindung durch eine Prüfung der Nachrichtenintegrität,

ein sicheres Kommunikationsverfahren darstellt.

Clientseitig befindet sich als Präsentationsprogramm ein Netscape-Browser für die Betriebssysteme IBM OS/2 Warp oder Microsoft Windows NT 4.0 jeweils auf der Hardwareplattform eines IBM kompatiblen Personalcomputers. Einen übersichtlichen Gesamtzusammenhang gibt nachfolgende Abbildung.

---

[263] Vgl. Gulbins [1999, S. 79].
[264] Vgl. Hoffmann [1996, S. 136].
[265] Firewall ist ein speziell konfigurierter Netzwerkknoten, welcher die Verbindung zwischen dem unternehmensinternen LAN und dem Internet herstellt. Dieser zentrale Übergang aller Datenpakete ermöglicht eine erhöhte Sicherheitkontrolle. Vgl. Bichler [1997, S. 26]
[266] Vgl. Wilde [1999, S. 119].

 74

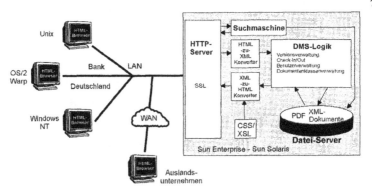

Abb. 6.3: Gesamtarchitektur des XML-DMS. Quelle: Eigene Darstellung.

6.7 Kosten- und Nutzenbetrachtung des Sollmodells

Nutzeneffekte eines neuen Informationssystems lassen sich in quantitativ direkt monetär erfaßbare, indirekt monetär quantifizierbare sowie qualitative Effekte differenzieren. Aufgrund des frühen Planungsstadiums und fehlender Vergleichsmöglichkeiten sind die relevanten Größen mit Unsicherheiten bezüglich ihrer Ausprägungen und Ungewißheit in bezug auf ihre Eintrittswahrscheinlichkeit behaftet.[267] Es werden daher nur entscheidende Nutzentrends ohne Quantifizierung dargestellt. Betrachtet werden die Nutzenarten Zeitgewinn, Qualitätssteigerung, Informationsverteilung und Verbesserung der Administration sowie Kostenaspekte.[268]

Zeitgewinn

Die Suchfunktion wird durch die Existenz von Auszeichnungen erheblich präziser und besser identifizierbar. Die Nutzer wenden daher weniger Suchzeit auf, und die Dokumente sind nicht im System „verloren". Das Dokumentenlayout ist nachträglich zentral änderbar und erfordert keine Bearbeitung an jedem einzelnen Dokument.

Qualitätssteigerung

Clientseitig erhalten die Anwender einen universellen und einfachen Browser mit einer einheitlichen Oberfläche, der auch für das Internet offensteht. Der verbesserte Zugriff auf Informationen erhöht die Entscheidungsqualität des Mitarbeiters.

---

[267] Vgl. Schumann [1993, S. 71].
[268] Vgl. Vogt [1986, S. 167f.].

Informationsverteilung

Das neue System vermindert Medienbrüche und verbessert die Informationsflüsse durch die Abschaffung von papiergebundenen Rundschreiben.[269] Die nachträgliche Einbindung einer bestehenden Datenbank ist möglich und macht das System zukunftsoffen und skalierbar. Ein bisher manuelles Einstellen entfällt für standardisierte Rundschreiben. Der Dateninhalt des Informationssystems ist mehrfach verwendbar und durch die Existenz der Auszeichnungen maschinell verarbeitbar.[270]

Verbesserung der Administration

Ein flexibles Vernetzen von Dokumenten wird ermöglicht, und bei Einsatz einer Verweisdatei können Verweise auf physische Speicherorte zentral verwaltet werden. Dies reduziert falsche Links und vereinfacht die Administration. Die Schaffung einer Zugriffsrechteverwaltung ermöglicht eine Integration von externen Gesellschaften und eine Integration des Auslandes. Neue Dokumente der Redakteure werden anhand eines Formulares[271] erfaßt und automatisch gespeichert. Die DTD kann auf einfache Weise erweitert und ergänzt werden. XML ermöglicht einen modularen Aufbau der DTD und der Dokumentenklassen.

Kostenaspekte

Das Fehlen von Kostenzahlen[272] macht eine effektive Kostenschätzung nicht möglich. Daher werden nur Kostenaspekte genannt, die sich aus Besonderheiten des Informationssystem ergeben und einer genaueren Untersuchung bedürfen:

- *Document Reengineering,*
  eine Umwandlung der Dokumentenaltbestände ist aufwendig und kostenintensiv,

- *Administration für Benutzerverwaltung und Dokumentenklassen*
  kann ebenfalls kostenintensiv und ressourcenbeanspruchend sein,

- *Kosten von Datenbankenlizenzen,*
  sofern eine kleinere Datenbanklösung (z.B. für Indexdatenbanken) benötigt wird, sollte der Einsatz von Freeware-Datenbanken (z.B. MySQL) erwogen werden,

---

[269] Vgl. Gierhake [1998, S. 166f.].
[270] Vgl. Kapitel 5.
[271] Denkbar ist ein standardisiertes Webformular auf der Clientoberfläche. Die Konvertierung, Speicherung und Administration erfolgt dann auf dem Server.
[272] Vgl. Kapitel 6.2.2.

- *die Gestaltung der Benutzeroberfläche*

  sollte sorgfältig vorgenommen werden und kann daher aufwendig
  sein,

- *Erstellung der DMS-Logik*

  ist aufwendig und komplex und daher kostenintensiv.[273]

6.8 Systemauswirkungen und Barrieren des Technologieeinsatzes

Das dargestellte System ist hinsichtlich seiner Systemauswirkungen als unkritisch zu beurteilen, da keine anderen Systeme direkt betroffen werden und das System nicht mit anderen Systemen verzahnt ist. Die Netzbelastung wird nicht erhöht, da eine Substitution der übertragenen Informationsmengen vom Alt- auf das Neusystem erfolgt.

Trotz des konzeptuellen Reifegrades des dargestellten Informationssystems lassen sich die Migration der Altdaten und personelle Qualifikationsprobleme der Systemersteller als kritische Faktoren identifizieren. Die Migration der Altdaten ist problematisch, da die Kosten nur schwer ermittelbar sind und der Erfolg von der Mitarbeit der Redakteure abhängt.[274] Unterschieden wird die Migration von AmiPro-, PDF-Dateien und Papierdokumenten. Elektronisch vorhandene AmiPro-Dateien werden in orginären Text ohne Formatierungskomponenten konvertiert. Die Inhaltselemente werden der DTD entsprechend manuell ausgezeichnet und um Metainformationen (Erstellungsdatum, Autor etc.) angereichert. Abschließend prüft ein Parser die syntaktische Richtigkeit, und das Dokument wird in das System eingestellt.

PDF-Dateien und ältere Dokumente, die nicht elektronisch vorliegen, werden durch Angabe der Metainformationen und einer externen Ablageortangabe migriert. Innerhalb des für die Entwicklung zuständigen Softwarehauses bestehen keine nennenswerten Personalressourcen, die Kenntnisse über Internettechnologien für eine Entwicklung eines Informationssystems besitzen.[275] Dies stellt sich als erheblicher Engpaß dar, da externes Wissen zugekauft werden muß oder ein erheblicher Schulungsbedarf besteht.[276]

---

[273] Die Frage der Selbstproduktion oder Zukaufs von Software sollte daher genau erörtert werden.
[274] Vgl. Gesprächsprotokolle [1999, 05].
[275] Vgl. Gesprächsprotokolle [1999, 06].
[276] Weitere Aspekte, die in konkreten Projektstufen beachtet werden sollten, finden sich in Kapitel 5.4.

7 Fazit

7.1 Zusammenfassung

Unternehmen sind einem zunehmenden Konkurrenzdruck ausgesetzt. Durch effizienten Zugriff auf Informationen und zügige Verarbeitung von komplexen Informationsvorgängen können sie sich einen Wettbewerbsvorteil verschaffen. Das überwiegende Trägermedium der Informationen sind analoge und elektronische Dokumente aus unterschiedlichsten Datenobjekten, die innerhalb heterogener Betriebssystemumfelde transportiert werden müssen. DMS werden für eine effiziente Erfassung, Konvertierung, Generierung, Verwaltung, Speicherung, Suche, Verteilung und Reproduktion von Dokumenten eingesetzt.

Der neue Standard XML - eigentlich für das Internet konzipiert - bietet sich mit seinen vielfältigen Möglichkeiten an, DMS zu unterstützen. Es handelt sich um eine Metasprache, die es erlaubt, die Grammatik bzw. die logische Struktur von Auszeichnungssprachen festzulegen und Elemente in Dokumenten durch Auszeichnungen zu identifizieren. Wesentliches Konzept ist die Trennung von Dokumenteninhalt, -struktur und -format. Die Möglichkeit, XML-Dokumente mit Metainformationen anzureichern, erlaubt einen selbstbeschreibenden Charakter, der für eine Verarbeitung im DMS alle notwendigen Informationen enthält. Die Identifikationsfähigkeit der Dokumente und Datenobjekte läßt Suchanfragen präziser verlaufen und vereinfacht den Wissenszugriff. XLL - als begleitender Standard zu XML - unterstützt die Vernetzung von assozierten Dokumenten durch Verweise untereinander und erleichtert so den Suchprozeß. Die Möglichkeit, auf Elemente anderer Dokumente zu verweisen und diese Bestandteil des Dokumentes werden zu lassen, hat urheberrechtliche Konsequenzen, die den Gesetzgeber sicherlich noch beschäftigen werden.

Die Trennung von Dokumenteninhalt und -formatierung gestattet eine differenzierte Ausgabe hinsichtlich Ausgabemedium und Benutzeranforderungen durch einfache Zuordnung unterschiedlicher Formatierungsanweisungen. XSL - ein begleitender Formatierungsstandard - ermöglicht eine Gestaltung von komplexen Formatierungsregeln, die die Ausgabe steuern, aber auch Konvertierungen von XML zu anderen Formaten, z.B. HTML, zulassen. Die Kompatibilität von XML-Dokumenten bleibt unabhängig von bestimmten Softwareprodukten, da es ein allgemeiner Standard für beliebige Plattformen ist. Der Zwang, Dateikonvertierungen (z.B. von Text- zu Audiodatei) durchzuführen, entfällt.

DMS klassischer Bauart sind zumeist proprietäre Systeme mit eigener Client- und Servertechnologie. Diese sind kostenintensiv und binden Unternehmen - aufgrund von Inkompatibilitäten der Produkte untereinander - an einen Hersteller. Die Verwendung einer Internet-Technologie läßt eine Partizipation an der dynamischen Softwareentwicklung dieses Bereiches zu und erlaubt den Einsatz von Massenprodukten, die zudem im Client-Bereich häufig gratis angeboten werden. Das architektonische Konzept des Einsatzes von XML in DMS sollte eine Three-Tier-Architektur aus Ablagesystemen, Middleware und Client sein.

Die Oberfläche von einsetzbaren WWW-Browsern ist intuitiv und ermöglicht eine flache Lernkurve der Mitarbeitern, was sich nicht zuletzt auch positiv auf die Akzeptanz auswirkt. Die Unterstützung der verbreitesten Zeichensätze der Welt ermöglicht einen Einsatz in multilingualen Umgebungen und ist daher auch besonders für global tätige Unternehmen interessant, die Dokumente in verschiedenen Sprachen und Schriftsätzen austauschen. XML-Dokumente unterliegen keiner Einschränkung hinsichtlich ihrer Datenformate. Eine Integration unterschiedlichster elektronischer Informationsobjekte von z.B. Audio-, Video- und Faxdateien ist möglich. Die Migration von elektronischen Altdokumenten, z.B. Textverarbeitungsdaten, und Multimediadokumenten wird hierdurch realisierbar. Externe Programme können in das System durch eine Übergabe der entsprechenden Daten vom XML-Prozessor integriert werden.

Die Notwendigkeit, eine eindeutige Identifikation von XML-Dokumenten und Informationsobjekten vorzunehmen, kann mit dem URL-Schema verwirklicht werden. XML-Dokumente sind strukturiert und ermöglichen eine einfache Extraktion und Generierung der Inhalte von Dokumenten durch Datenbanken. Dabei lassen sich die logischen Strukturen der Dokumente modular aufbauen und hierarchisch organisieren. Probleme, die durch XML nicht gelöst werden können, sind eine aufwendige Analyse des Informationsbedarfs der Informationsempfänger und der Dokumentenanalyse sowie die Schaffung einer komplexen Dokumentenarchitektur. Nicht zu unterschätzen ist der Punkt, daß für eine optimale Nutzung der neuen Möglichkeiten, wie präzisierte Suche und Zusammenstellung von Informationsobjekten, von XML eine

Migration der anderweitig erstellten Alt- und Neudokumente vorgenommen werden muß. Zusätzliche Funktionalitäten eines DMS, wie eine Benutzer- und Zugriffsverwaltung, können nur durch zusätzliche Softwarelogik realisiert werden. XML ist eine hervorragende und nicht zu komplexe Metasprache, um die Basis für strukturierte und informationsreichere Dokumente zu erstellen.

7.2 Ausblick

XML bietet die Möglichkeit flexible und - durch die Nutzung von Standardsoftware - kostengünstigere DMS aufzubauen und leistet einen Beitrag, Informationsverarbeitungskapazitäten zu erweitern. Die Softwareprodukte werden zukünftig die Funktionalitäten von XML Ausschöpfen und das Organisieren, Entwickeln und Verwalten vereinfachen. Die Ankündigungen der Softwarehersteller lassen auf eine Unterstützung auf breiter Basis schließen. Generell erlaubt der Standard XML viele Freiheitsgrade, die für eine Interoperabilität zwischen Firmen standardisierte DTD notwendig machen. Bestehende Standards anderer Technologien werden mit XML umgesetzt. Vielleicht wird es dann in naher Zukunft möglich sein, die 70% an ausgedruckten Informationen, die an anderer Stelle wieder eingegeben werden, direkt elektronisch auszutauschen. XML hat durch seine definierte Syntax gute Möglichkeiten elektronischen Datenaustausch zu realisieren[277] und zu einer universellen Plattform für Unternehmensdaten zu werden. Die Anwendungsbereiche können dann weit über die eines DMS hinausgehen. Ein wichtiger Bereich könnte die Integration von zeichenorientierten Terminals sein. Eine Umwandlung der Datenströme in XML-Dokumente und die Zuordnung einer Formatierung erlaubt eine einfache Realisierung intuitiver und einheitlicher Oberflächen, die das Arbeiten vereinfacht.

In unserer heutigen Welt war es noch nie so einfach auf Informationen zuzugreifen, aber noch nie so schwierig Informationen problemadäquat zu selektieren.[278] XML ist sicher eine Möglichkeit, daß sich das Zitat:

> *„Wir ertrinken in Informationen, aber hungern nach Wissen"*[279],

nicht in seiner vollen Gänze bewahrheiten muß.

---

[277] Vgl. Hürlimann [1996, S. 38].
[278] Vgl. Walter [1995, S. 37].
[279] Naisbitt [1984, S. 41]

Literaturverzeichnis

ALTENHOFEN, C.:
Document Reengineering. In: EICKEMEYER, K. (Hrsg.): T.I.E.M Technische Informationen in elektronischen Medien. IAO Forumsband, Stuttgart 1997, S. 71-78.

ALTENHOFEN, C.; PETROVIC, M.:
Der elektronische Umgang mit Dokumenten unter der Lupe.
In: Computerworld Schweiz, Heft 12/98 (1998), S. 7-14.

BEHME, H.; MINTERT, S.:
XML in der Praxis. Bonn u. a. 1998.

BEHME, H.:
Kunst der Stunde. In: iX, Heft 2 (1999), S. 36-41.

BEHME, H.:
Noch mehr Standard. In: iX, Heft 7 (1999a), S. 10.

BERNDT, O.; LEGER, L.:
Dokumenten-Management-Systeme. Neuwied u. a. 1994.

BEUTHNER, A.:
Dokumentenmanagement. In: Wirtschaftswoche, Heft 11 (1997), S. 106-107.

BICHLER, M.:
Aufbau unternehmensweiter WWW-Informationssysteme.
Braunschweig/Wiesbaden 1997.

BIELAWSKI, L.; BOYLE, J.:
Electronic Document Management Systems. Upper Saddle River 1997.

BRADLEY, N.:
The XML companion. Harlow u. a. 1998.

BRAY, T.; PAOLI, J.; SPERBERG-MCQUEEN, C. M.:
Extensible Markup Lanugage (XML) 1.0. 27.06.99;
http://www.w3.org/TR/REC-xml 1999.

BROCKHAUS, R.:
Informationsmanagement. Göttingen 1992.

BROSDA, V.; JASPERSEN, T.:
Lean Information Management. Bergheim 1995.

BULLINGER, H.-J.; WARNECKE, H.-J.:
Neue Organisationsformen im Unternehmen. Berlin u.a. 1996.

BULLINGER, H.-J.; HOOF, A. VAN; FÄHNRICH, H.-P.:
Dokumentenmanagement. In: Computerworld Schweiz,
Heft 13/95 (1995), S. A4-A10.

BULLINGER, H.-J.; KURZ, E.; MAYER, R.:
Zukunftsorientiertes Dokumenten-Management. In: Infodoc,
Heft 6/92 (1992), S. 11-21.

BULLINGER, H.-J.; ALTENHOFEN, C.; PETROVIC, M.:
Der Umgang mit virtuellen Papierbergen. In: Computerworld Schweiz,
Heft 33/98 (1998), S. 5-12.

BULLINGER, H.J.; MAYER, R.:
Integriertes Dokumenten-Management. In: BULLINGER, H.-J. (Hrsg.):
Dokumenten-Management, IAO-Forumsband T37, Stuttgart 1993, S. 11-31.

CHANG, D.; HARKEY, D.:
Data Access with Java and XML. New York u. a. 1998.

DEACH, S.:
Extensible Stylesheet Language (XSL) Specification. 17.06.1999;
http//www.w3.org/TR/1999/QD-xsl-19990421 1999.

DEROSE, S. J.:
XML XLink Requirements Version 1.0. http://www.w3.org/TR/NOTE-xlink-req/index.html 1999.

DEUTSCH, A.; FERNANDEZ, M.; LEVY, A. U.A.:
XML-QL. 08.07.1999; http://www.w3.org/TR/1998/NOTE-xml-ql-19980819/ 1999.

DUCHARME, B.:
XML: the Annotated Specification. Upper Saddle River 1998.

DÜNHÖLTER, K:
Das Web automatisieren mit XML. Version 2.0, 19.04.1999;
http://members.aol.com/xmldoku 1998.

ENSIGN, C.:
SGML. Upper Saddle River 1997.

FÄHNRICH, K.-P.; LOIT, C.-U.; MEIREN, T. U.A.:
Produktivitätsmanagement im Büro und die Rolle der IT-Technik.
In: Computerworld Schweiz, Heft 34/97 (1997), S. 5-10.

FÄHNRICH, K.-P.:
Dokumentenmanagement bei öffentlichen Dienstleistern. 15.04.1999;
http://www.kodok.de/german/literat/artikel/art_01.htm 1992.

FÖRTSCH, C.:
Wissensbasiertes Hypertext Retrieval in der Konstruktion. Erlangen u.a. 1997.

FRANK, U.; KRONEN, J.:
Kommunikationsanalyseverfahren. Braunschweig 1991.

FRETER, T.:
XML: Document and Information management. 19.04.1999;
http://www.sun.com/980908/xml/index.html 1998.

GESPRÄCHSPROTOKOLLE:
Gespräche zur Anlayse eines Informationssystems. Frankfurt 1999.

GHANEM, M. G.:
Dokumentenmanagement und seine Erfolgsfaktoren. In: Office Management, Heft 4 (1992), S. 28-30.

GIERHAKE, O.:
Integriertes Geschäftsprozeßmanagement. Wiesbaden/Braunschweig 1998.

GOLDFARB, C. F.; PEPPER, S.; ENSIGN, C.:
SGML Buyer's Guide. Upper Saddle River 1997.

GRELL, R.:
Elektronische Bearbeitung schwach strukturierter Vorgänge. In: Office Management, Heft 6 (1995), S. 34-38.

GULBINS, J.; SEYFRIED, M.; STRACK-ZIMMERMANN, H.:
Dokumentenmanagement. Berlin u.a. 1999.

HANSEN, R. H.:
Wirtschaftsinformatik I. Stuttgart/Jena, 6. Auflage 1992.

HARTMANN, R.:
Informationsmanagement in der Beschaffung. München 1997.

HERWIJNEN, E. VAN:
Practical SGML. Norwell 1994.

HETT, H.-M.; KLAGGE, D.; NETT, W.:
Zukunftsorientiertes Dokumentenmanagement. SEIBT, D. (Hrsg.): Kommunikation, Organisation & Management, Braunschweig/Wiesbaden 1995, S. 229-255.

HOFFMAN, P.:
UTF-16, an encoding of ISO 10646. 24.06.1999;
http://www.imc.org/draft-hoffman-utf16 1999.

HOFFMANN, F.; BRAUWEILER, H.-C.; WAGNER, R.:
Computergestützte Informationssysteme, München/Wien, 2. Auflage 1996.

HÜRLIMANN, W.:
Elektronische Dokumentation. In: HMD, Heft 65 (1996), S. 37-41.

HUTCHINSON, N.:
Die Metasprache XML erschließt neue Welten.
In: Computerwoche, Heft 29 (1998), S. 45-47.

KAMPFFMEYER, U.; ROGALLA, J.:
Grundsätze der elektronischen Archivierung. Hamburg 1997.

KAMPFFMEYER, U.:
DMA fordert weltweite Norm für Dokumenten-Management.
In: Computerwoche, Heft 37 (1995), S. 43-44.

KLAUKE, N.-M.:
Document Management und Vorgangsorientierung als Rückrat des Lean Office. In:
Zeitschrift für Organisation, Heft 2 (1994), S. 93-98.

KNORZ, G.:
Dokumente entstehen und bleiben verschwunden. 08.07.1999;
http://www.iud.fh-darmstadt.de/iud/wwwmeth/publ/slide/deubv1.htm 1996.

KNORZ, G.:
Information Retrieval Anwendungen. 08.07.1999;
http://www.iud.fh-darmstadt.de/iud/wwwmeth/publ/slide/paper1.htm 1995.

KOMMERS, P.; FERREIRA, A.; KWAK, A.:
Document Management for Hypermedia Design. Berlin/Heidelberg 1998.

KOWALSKI, G.:
Information Retrieval Systems. Boston u.a. 1997.

KRALLMANN, H.; WIEGEMANN, B.:
Ganzheitliche Sicherheit betrieblicher Informations- und Kommunikationssysteme.
In: SCHEER, A.-W. (Hrsg.): Handbuch Informationsmanagement, Wiesbaden 1993, S.
697-711.

KRALLMANN, H.:
Büroinformations- und Kommunikationssysteme (Bikos). In: KURBEL, K.; STRUNZ,
H. (Hrsg.): Handbuch Wirtschaftsinformatik, Stuttgart 1990, S. 543-583.

KRÄNZLE, H.-P.:
Dokumentenmanagement. In: HMD, Heft 32 (1995), S. 26-43.

KUHLEN, R.:
Hypertext. Berlin/Heidelberg 1991.

LATZ, H.-W.:
Entwurf eines Modells der Verarbeitung von SGML-Dokumenten in versionsorien-
tierten Hypertext-Systemen. Berlin 1992.

LE HORS, A.; WOOD, L.:
Document Object Model (DOM) Activity Statement. 22.07.1999;
http://www.w3.org/DOM/Activity.html 1999.

LEGER, L.:
Alle Dokumente, Akten und Vorgänge im schnellen Zugriff. In: Infodoc, Heft 4
(1997), S. 52-58.

84

LEVENTHAL, M.; LEWIS, D.; MATTHEW, F.:
Designing XML Internet Applications. Upper Saddle River 1998.

MARUYAMA, H.; URAMOTO, N.; TAMURA, K.:
Digital Signature for XML (XMLDSIG) Proposal. 11.07.1999;
http://www.trl.ibm.co.jp/projects/xml/xmldsig.htm 1998.

MCMENAMIN, S. M.; PALMER, J. F.:
Strukturierte Systemanalyse. München u.a. 1988.

MEGGINSON, D.:
Structuring XML Documents. Upper Saddle River 1998.

MEISS, B.:
Information Retrieval und Dokumentenmanagement im Multimedia-Zeitalter. Frankfurt a. M. 1997.

MINOLI, D.:
Internet & Intranet Engineering. New York u.a. 1997.

MORSCHHEUSER, S.:
Integriertes Dokumenten- und Workflow-Management. Wiesbaden 1997.

NAISBITT, J.:
Megatrends. Bayreuth, 2. Auflage 1984.

NIEMANN, F.:
Browser sind für Firmen kein strategisches Produkt.
In: Computerwoche, Heft 46 (1998), S. 29-30.

NÜTTGENS, M.:
Hypermediabasiertes Informationsmanagement. In: SCHEER A.-W. (Hrsg.): Handbuch Wirtschaftsinformatik, Wiesbaden 1993, S. 899-922.

O.V.:
Dokumenten-Management im Intranet. In: Infodoc, Heft 3 (1996), S. 59-61.

O.V.:
XML for Managers. http://www.oasis-open.org/html/xml-for-managers.htm 1999.

O.V.:
Character encoding. 24.06.1999; http://isoc.bilkent.edu.tr/codage/index.en.html 1999a.

O.V.:
Netscape Accelerates Communicator Evolution With First Release of Next-Generation Communicator Cource Code To Developer community Via Mozilla.Org. 08.07.1999; http://home.netscape.com/newsref/pr/newsrelease591.html 1999b.

85

O.V.:
POET Content Management Suite 2.0. 08.07.1999;
http://www.poet.com/products/cms_solutions/cms.html 1999c.

O.V.:
Web390 Single-User Version. 19.07.1999;
http://www.ibi.com/downloads/web390/index.html 1999d.

O.V.:
The Power of Content. 08.07.1999; http://www.interleaf.com/PowerofContent.htm
1999e.

O.V.:
XML and Search. 08.07.1999; http://www.searchtools.com/related/xml.html 1999f.

O.V.:
XML Support in Oracle8i and Beyond. 08.07.1999;
http://www.oracle.com/xml/documents/xml_twp 1999g.

O.V.:
Solution: CICS Web Interface. 14.07.1999;
http://www.software.ibm.com/ts/cics/library/whitepapers/cicsweb/cwi.html 1999h.

O.V.:
Business and the Internet. In: Betriebswirtschaftliche Blätter, Heft 26 (1999i), S. 5-
44.

O.V.:
XML for Managers. http://www.arbortext.com/Think_Tank/XML_Resource/
xml_for_managers.htm 1999j.

PFEIFFER, P.:
Technologische Grundlage, Strategie und Organisation des Informationsmanage-
ments. Berlin/New York 1990.

RATH, H.-H.:
XML: Chance and Challenge for Online Information Providers.
http://www.oasis-open.org/html/xml_chance_challenge.html 1999.

RITCHIE, B.; MARSHALL, D.; EARDLEY, A.:
Information Systems in Business. London u. a., 3. Auflage 1998.

ROBIE, J.:
XML and Modern Software Architectures. http://www.texcel.no/sgml97.htm 1999.

RUBINSKY, Y.; MALONEY, M.:
SGML on the WEB. Upper Saddle River 1997.

RÜßMANN, H.:
Das Beweisrecht elektronischer Dokumente. 08.07.1999;
http://rw20hr.jura.uni-sb.de/rw20/people/ruessmann/Elbeweis/elbeweis.htm 1999.

SALTON, G.; MCGILL, M. J.:
Information Retrieval. Hamburg/New York 1987.

SCHÄRLI, W.:
Workflow-Management. ÖSTERLE, H.; VOGLER, P. (Hrsg.): Praxis des Workflow-
Managements, Braunschweig/Wiesbaden 1996, S. 147-170.

SCHÄTZLER, D.; EILINGSFELD, F.:
Intranets. Heidelberg 1997.

SCHICK, F.:
Runter mit den Verwaltungskosten. In: Office Management, Heft 6 (1998), S. 54-58.

SCHMIDT, E.; DOBSCHÜTZ VON, L.:
Wirtschaftlichkeit von Anwendungssystemen. In: VON DOBSCHÜTZ, L.; KISTING, J.;
SCHMIDT, E. (Hrsg.): IV-Controlling in der Praxis, Wiesbaden 1994, S. 155-176.

SCHMIDT, P.:
Konzept für eine Unternehmens-Dokumentenarchitektur (UDA).
In: SEIBT, D. (Hrsg.): Kommunikation, Organisation & Management, Braun-
schweig/Wiesbaden 1995, S. 189-229.

SCHNEIDER, U. H.:
Documents at Work - die virtuellen Dokumente kommen. In: HMD, Heft 32 (1995),
S. 8-25.

SCHRAML, T.; SCHOOP, E.:
Umweltinformationsmanagement mit neuen Medien.
In: HMD, Heft 191 (1996), S. 59-71.

SCHUMANN, M.; LINß, H.:
Wirtschaftlichkeitsbeurteilung von DV-Projekten.
In: PREßMAR, D. (Hrsg.): Informationsmanagement, Wiesbaden 1993, S. 69-92.

SCHWARZE, J.:
Einführung in die Wirtschaftsinformatik. Berlin, 4. Auflage 1997.

SCHWILL, A.; CLAUS, V.:
Duden Informatik. Mannheim u.a., 2. Auflage 1993.

SCHWINN, K.; DIPPOLD, R.; RINGGENBERG, A. U.A.:
Unternehmensweites Datenmanagement. Braunschweig/Wiesbaden 1998.

SIMPSON, J. E.:
Just XML. Upper Saddle River 1998.

SMITH, J. M.:
SGML and related standards. Chichester 1992.

STANEK, W. R.:
Html, CGI, SGML, VRML. Indianapolis 1996.

STEPANOW, B.; BÖNISCH, D.:
Link auf eine andere Homepage. 10.07.1999;
http://www.digi-info.de/recht/urteile/di_recht_urteil11.html 1997.

TEUBER, T.:
Information Retrieval und Dokumentenmanagement in Büroinformationssystemen.
In: BIETHAHN, J.; SCHUMANN, M. (Hrsg.), Göttingen 1996.

TURNER, D.; FRIEDMAN, W.:
Getting Ready for Internet Explorer 5. 08.07.1999;
http://msdn.mircrosoft.com/xml/articles/ICPXML.asp 1999.

UMSTÄTTER, M.:
Vorgangs- und Dokumentenmanagement in heterogenen Netzen. In: Office Management, Heft 3 (1992), S. 40-44.

VOGT, H.:
Nutzenanalyse von Büroinformationssystemen. In: KRALLMANN, H. (Hrsg.): Planung, Einsatz und Wirtschaftlichkeitsnachweis von Büroinformationssystemen, Berlin 1986, S. 165-170.

WALTER, T.
Kosten/Nutzen-Management für Informations- und Dokumentationsstellen. Wiesbaden 1995.

WENZEL, I.:
Das Archiv als Goldgrube. In: Office Management, Heft 4 (1996), S. 26-29.

WILDE, E.:
Wilde's WWW. Berlin/Heidelberg 1999.

Witt, F.-J.; Neuhäuser-Metternich, S.:
Kommunikation und Berichtswesen. München 1997.

WOOD, J. M.:
Destop magic. New York u.a. 1994.

YOURDON, E.:
Modern Structured Analysis. Englewood Cliffs u.a. 1989.

ZLABINGER, R.:
Intranetanwendungen im Einkauf. HÖLLER, J. u.a. (Hrsg.): Internet und Intranet, , Berlin 1997, S. 147-164.

Diplomarbeiten Agentur

Die Diplomarbeiten Agentur vermarktet seit 1996 erfolgreich Wirtschaftsstudien, Diplomarbeiten, Magisterarbeiten, Dissertationen und andere Studienabschlußarbeiten aller Fachbereiche und Hochschulen.

Seriosität, Professionalität und Exklusivität prägen unsere Leistungen:

- Kostenlose Aufnahme der Arbeiten in unser Lieferprogramm
- Faire Beteiligung an den Verkaufserlösen
- Autorinnen und Autoren können den Verkaufspreis selber festlegen
- Effizientes Marketing über viele Distributionskanäle
- Präsenz im Internet unter **http://www.diplom.de**
- Umfangreiches Angebot von mehreren tausend Arbeiten
- Großer Bekanntheitsgrad durch Fernsehen, Hörfunk und Printmedien

Setzen Sie sich mit uns in Verbindung:

Diplomarbeiten Agentur
Dipl. Kfm. Dipl. Hdl. Björn Bedey –
Dipl. Wi.-Ing. Martin Haschke ——
und Guido Meyer GbR ————

Hermannstal 119 k ——————
22119 Hamburg ——————

Fon: 040 / 655 99 20 ————
Fax: 040 / 655 99 222 ————

agentur@diplom.de ——————
www.diplom.de ————

www.ingramcontent.com/pod-product-compliance
Lightning Source LLC
LaVergne TN
LVHW092341060326
832902LV00008B/752